# संस्कृतम्

# देवभाषायाः व्याकरणम्

## Sanscrito
## Grammatica della lingua degli Dei

(traduzione de “Prime lezioni di grammatica sanscrita”)

di

JYOTIPRIYĀ
(Dr. Judith M. Tyborg)

# INDICE


| | | Pag |
|---|---|---|
| | Introduzione | 5 |
| Lezione I | Alfabeto e pronuncia | 6 |
| Lezione II | Sostantivi nel caso Nominativo | 10 |
| Lezione III | Verbi della classe A1, 3a pers. sing., Presente, Attivo | 15 |
| Lezione IV | Regole del Saṁdhi: Visarga davanti alle consonanti soffici ed alla *a* breve | 18 |
| Lezione V | Regole del Saṁdhi: Visarga davanti alle consonanti dure | 20 |
| Lezione VI | Tempo futuro | 22 |
| Lezione VII | Vocativo ed Accusativo singolare dei nomi terminanti in vocale. Regole del Saṁdhi per la *m* finale | 24 |
| Lezione VIII | Verbi irregolari della 1a coniugazione. Regole del Saṁdhi per *aḥ* davanti alle Vocali. Interrogativi. Accusativo di moto a luogo | 26 |
| Lezione IX | Nominativo plurale dei sostantivi terminanti in Vocale. Regole del Saṁdhi relative a Dentali, Nasali ed *āḥ* davanti alle Consonanti Soffici | 29 |
| Lezione X | Accusativo plurale dei sostantivi terminanti in Vocale. Regole del Saṁdhi relative ad *n* finale ed a *Visarga* trasformata in *r* | 31 |
| Revisione I | Domande ed Esercizio di Revisione | 33 |
| Lezione XI | Caso Strumentale per i sostantivi terminanti in Vocale. Combinazioni interne | 34 |
| Lezione XII | Participio Passato Passivo | 36 |
| Lezione XIII | Tempo Perfetto (Passato Remoto) | 38 |
| Lezione XIV | Participio Congiuntivo o Gerundio | 41 |
| Lezione XV | Avverbi indeclinabili. Dativo ed Ablativo dei sostantivi terminanti in Vocale. Regole del Saṁdhi per le Consonanti Dure davanti alle Consonanti Soffici | 43 |
| Lezione XVI | Genitivo e Locativo dei sostantivi terminanti in Vocale | 48 |
| Revisione II | Domande ed Esercizio di Revisione | 51 |
| Lezione XVII | Regole del Saṁdhi per le Vocali | 52 |
| Lezione XVIII | Composti Karmadhāraya. Aggettivi | 54 |
| Lezione XIX | Composti Tatpuruṣa | 56 |
| Lezione XX | Pronomi Personali e Dimostrativi | 58 |
| Lezione XXI | Pronomi Relativi ed Aggettivi. Congiunzioni, Affissi Indeclinabili, Discorso Diretto con la congiunzione *iti* | 62 |
| Revisione III | Domande ed Esercizio di Revisione | 67 |

| | | |
|---|---|---|
| Lezione XXII | Voce Media. Deponente Medio. Voce Passiva. Interrogativi...... | 69 |
| Lezione XXIII | Coniugazione di *as*, "essere"...................................................... | 72 |
| Lezione XXIV | Verbi delle classi A-2, A-3 ed A-4.............................................. | 74 |
| Lezione XXV | Verbi Non-A, classi 1-6............................................................. | 77 |
| Revisione IV | Domande ed Esercizio di Revisione.......................................... | 79 |
| Lezione XXVI | Composti Dvandva. Composti Bahuvṝhi, Regole del Saṁdhi per l'incontro tra Consonanti Dure. Forme Duali per il Tempo Presente dei Verbi................................................................ | 80 |
| Lezione XXVII | Desinenze standard dei sostantivi. Regole del Saṁdhi interno: trasformazione da *s* a *ṣ*. Declinazione di *diś*, *gir*, *jagat*. Desinenze verbali standard per il Presente e l'Imperfetto. Verbi *vad*, *ad*, *brū*. Temi forti e deboli dei Verbi Irregolari. Tavola della Voce Passiva............................................................... | 82 |
| Lezione XXVIII | Infinito......................................................................................... | 100 |
| Lezione XXIX | Participio Presente. Participio Passato Attivo. Participio Passivo Presente e Medio. Participio Futuro Attivo e Passivo. Gerundivo.......................................................................... | 102 |
| Lezione XXX | Composti Verbali, Prefissi, Preposizioni.................................... | 109 |
| Lezione XXXI | Imperativo e Ottativo. Particelle. Aggettivi di Comparazione.... | 112 |
| Lezione XXXII | Tempo Perfetto. Participio Perfetto Attivo. Tavola dei Casi Forti, Medi e Deboli. Causativo, Desiderativo, Intensivo, Perfetto Perifrasistico. Locativo e Genitivo Assoluti................ | 116 |
| Revisione V | Domande ed Esercizio di Revisione.......................................... | 123 |
| APPENDICE I | Tabella delle desinenze standard dei Casi. Declinazione dei Sostantivi e degli Aggettivi...................................................... | 127 |
| APPENDICE II | Tabella delle Desinenze Verbali. L'Atmanepada spiegato. Coniugazione dei verbi *as* e *kṛ*. Tempo perfetto di *dā*. Coniugazione di *bhū*.................................................................. | 139 |
| Tabella dei verbi................................................................................ | | 149 |
| Tabella delle Forme Verbali – Parti Principali.................................... | | 150 |
| Lista del Participio Futuro Passivo dei Verbi...................................... | | 153 |
| APPENDICE III | Declinazione dei Pronomi Personali. Declinazione dei Pronomi Dimostrativi e di *sarva*. Declinazione dei Pronomi Interrogativi. Il Pronome Relativo ed il suo uso........................ | 156 |
| APPENDICE IV | Regole del Saṁdhi (completo).................................................. | 168 |
| APPENDICE V | Sull'Ordine delle Parole nella frase............................................ | 177 |
| APPENDICE VI | Vocali Post-Consonantiche e Sillabe Congiunte. | 179 |

# INTRODUZIONE

Questo libro è la traduzione italiana di FIRST LESSONS IN SANSKRIT GRAMMAR AND READING della Dr. Judith M. Tyberg, libro che era stato frutto di numerosi sforzi per presentare la lingua Sanscrita sotto una forma sì semplice, ma nel contempo comprensibile ed ispirante per gli studenti occidentali.

Il nuovo titolo Devabhāshāyāh Vyākaranam, Grammativa della Lingua degli Dei è ispirato alla concezione che gli indiani stessi hanno di questo idioma. La copertina che illustra l'abbraccio di Radha e Krisha è simbolico di ciò: Radha rappresenta l'essere Umano Krishna il Divino Assoluto, a rappresentazione dell'Amore eterno che, nella sostanza, unisce Dio e l'Umanità. E il linguaggio mediante il quale l'Anima comunica con l'Eterno è semplicemente il Sanscrito.

Ma, chi era l'autrice? Chi era colei il cui libro Mèrè stessa volle fosse stampato dalla tipografia dell'Ashram?

La Dr. Judith M. Tyberg era una discepola di Sri Aurobindo e della Madre. Lei visse un certo periodo all'Ashram e conobbe personalmente i Maestri. Siccome era appassionata di canto e di Sanscrito "un giorno chiese al grande Pandit Kapali Shastri se poteva cantare studiando assieme a lui durante i pochi mesi della sua permanenza all'Ashram nel 1949. Shastri rispose che era consuetudine studiare con lui per quindici anni prima di imparare a cantare. "Bene" lei replicò "conosco la musica e conosco un po' il Sanscrito". Così il Pandit riferì la faccenda a Sri Aurobindo e la risposta del Maestro fu: "InsegnaLe qualunque cosa voglia conoscere, Lei farà un buon lavoro in America".

Infatti, "per gli ultimi trent'anni, come fondatrice e spirito animatore dell'East-West Cultural Center, come insegnante devota e ispirata delle lingue e filosofie dell'India, come rinomata studiosa ed autrice nella lingua Sanscrita e ardente guida sul sentiero dello Yoga Integrale, Lei visse la verità delle parole di Sri Aurobindo e fu un faro per tutti coloro che la incontrarono, la sua vita un esempio di servizio consacrato al Divino. Lasciò il corpo il 3 ottobre 1980, all'età di 78 anni. Questa traduzione è offerta in gratitudine a Lei, a colei che Sri Aurobindo nominò Jyotipriyā "Amata dalla Luce" e a Brajkishore che, durante la mia permanenza all'Ashram, si prese tanta cura per insegnarmi le basi di questa lingua. Senza il suo insegnamento mai avrei avuto l'impulso e la capacità di portare a termine questo lavoro.

Contatti: E-mail: ewcc@sriaurobindocenter-la.org
Sito: http://sriaurobindocenter-la.com/
Tel: 310-390-9083
Indirizzo: 12329 Marshall St, Culver City, CA 90230

Traduzione Sergio Fedrigo
E-mail: triphala@libero.it

# LEZIONE I

## L'ALFABETO DEVANAGARI

L'alfabeto mediante il quale si scrive la lingua sanscrita è il Devanāgarī. Le lettere sono sistemate con uno schema logico, in accordo all'ordine degli organi produttori di suono implicati: gola, palato, radice della bocca, denti e labbra.

### VOCALI

अ a आ ā इ i ई ī उ u ऊ ū ऋ ṛ ॠ ṝ

ऌ ḷ ॡ ḹ ए e ऐ ai ओ o औ au

ṁ (anusvāra) ः ḥ (visarga)

### CONSONANTI

| | | | | | | | | | | |
|---|---|---|---|---|---|---|---|---|---|---|
| Gutturali | क | ka | ख | kha | ग | ga | घ | gha | ङ | ṅa |
| Palatali | च | ca | छ | cha | ज | ja | झ | jha | ञ | ña |
| Cerebrali | ट | ṭa | ठ | ṭha | ड | ḍa | ढ | ḍha | ण | ṇa |
| Dentali | त | ta | थ | tha | द | da | ध | dha | न | na |
| Labiali | प | pa | फ | pha | ब | ba | भ | bha | म | ma |
| Semivocali | य | ya | र | ra | ल | la | व | va | | |
| Sibilanti | श | śa | ष | ṣa | स | sa | | | | |
| Aspirate | ह | ha | | | | | | | | |

ऽ ' (avagraha) - l'apostrofo

E' importante imparare l'alfabeto nella forma esposta e memorizzare l'appartenenza delle lettere alle differenti classi di gutturali, palatali, ecc. Avere un perfetto quadro mentale dell'alfabeto aiuterà nell'applicazione di molte regole complicate della grammatica sanscrita. Inoltre, l'uso seriale dell'alfabeto è essenziale per gli usi del dizionario.
Le vocali devono essere pronunciate come segue:
*a* , *i* ed *u* si pronunciano come in italiano;
*ā* , *ī* ed *ū* mantengono la stessa pronuncia delle precedenti, ma avendo l'accortezza di mantenerne l'emissione per il doppio del tempo;
*ṛ* benché molto spesso a questa vocale venga dato il suono "ri", in realtà, nella sua emissione, c'è solo la sonorità della r: dunque non Krishna, bensì Krshna;
*ṝ* stesso suono della precedente, ma mantenendo al doppio il tempo di emissione;

ḷ e ḹ, altre volte scritte lṛ e lṝ, si pronunciano emettendo semplicemente il suono "l" mantenendo la lingua al centro del palato.
In quanto alle consonanti, ecco, di seguito, la loro pronuncia:

| | |
|---|---|
| k | ha sempre il suono duro della nostra "c" di cane; |
| g | ha sempre il suono duro della nostra "g" di gatto; |
| m, n | suonano come la m e la n italiane; |
| ṅ | è un suono nasale, vicino alla "n" nella parola italiana "angolo". |
| ñ | ha il medesimo suono di "gn" nella parola gnomo; |
| ṇ | si emette il suono della "n" facendo toccare alla punta della lingua il centro del palato; |
| c | ha sempre il suono dolce della nostra "c"di cena; |
| j | ha sempre il suono dolce della nostra "g"di giorno; |
| kh, gh, ch, jh | hanno lo stesso suono delle corrispondenti singole, ma accompagnato da un'emissione aspirata; |
| d, t, p, b | si pronunciano come in italiano; |
| dh, th, ph, bh | si pronunciano come in italiano, ma accompagnate da un'emissione aspirata |
| ḍ, ṭ | si pronunciano come in italiano, ma tenendo la punta della lingua posta al centro del palato; |
| ḍh ṭh | hanno il medesimo suono appena descritto, ma accompagnato da un'emissione aspirata; |
| s | ha il suono sordo come in "sera"; |
| ś | si pronuncia come la nostra "sc" in scena; |
| ṣ | suona come la "sc" menzionata, ma con la punta della lingua lingua posta al centro del palato; |
| y | ha il suono della "i", come nell'inglese yes; |
| r, l | hanno lo stesso suono delle corrispondenti italiane. |
| v | come in italiano ma, preceduta da consonante assume il suono della "u" |
| h | ha un suono aspirato |

Alle lettere sopra esposte, se ne aggiungono due, anusvāra "ṁ" e visarga "ः", che rappresentano rispettivamente la nasalizzazione e l'eco aspirata della sillaba che vanno a completare.
Ci sono poi da considerare altre peculiarità della pronuncia sanscrita. Una è data dalla sillaba che vede congiunte le consonanti j e ñ. Contrariamente a quanto verrebbe spontaneo, vale a dire a produrre distintamente ed in successione i suoni delle nostre "g dolce" e "gn" , è necessario riuscire a produrli simultaneamente mediante un'emissione unica. Si tratta di un suono che mette in difficoltà gli stessi indiani, dalla pronuncia dei quali si può spesso avvertire una rapida successione del suono della "g dura" (si è detto dura, non dolce), pronunciata in modo lieve e rapido, immediatamente seguito dal suono "gn".

Un'altra peculiarità è data dal suono di una qualsiasi consonante finale di parola e priva della vocale a seguire. In tal caso il suono della consonante non suona monco, come mancante di qualcosa, ma pieno, come quando noi, in italiano, tentiamo di produrre il suono della consonante singolarmente, senza vocali che precedano o seguano.
Queste spiegazioni vogliono essere unicamente dei promemoria, poiché è possibile imparare le particolarità della pronuncia soltanto dalla viva voce di un insegnante.
Infine rimane da trattare la cosiddetta accentuazione. Come si è visto dall'alfabeto, il sanscrito non è composto da lettere, bensì da sillabe. Le *sillabe ad una sola lettera* sono le *vocali* nella loro posizione di *iniziali di parola*. Ad esempio abbiamo la parola "ānanda" che significa "beatitudine" e che è suddivisibile in sillabe nel modo seguente: "ā na nda". Invece la consonante singola che si trova in fine di parola presenta la particolarità di essere integrata nella sillaba che la precede se la parola stessa è finale di frase: "jagat" che significa “mondo” si sillaba in questo modo: "ja gat". Oppure, se la parola non è finale di frase, la consonante singola finale viene assorbita nella prima sillaba della parola che segue:
In tutti gli altri casi, le sillabe sono a due o tre lettere: *consonante+vocale* oppure *consonante+consonante+vocale*. Esempio di quest'ultima è la parola già vista "ā na nda".
E' importante comprendere bene le spiegazioni precedenti poiché la cadenza del sanscrito parlato è interamente basata sulla natura delle sillabe. Sono sillabe brevi quelle caratterizzate dalle vocali brevi (a, i, u, ṛ). Sono sillabe lunghe quelle caratterizzate dalle vocali lunghe (ā, ī, ū, ṝ), dai dittonghi (e, o, ai, au) e dalle "sillabe brevi seguite da sillaba con doppia consonante": ad esempio la seconda sillaba della parola “ā na nda”, benché di per sé breve, è considerata lunga proprio a causa della sillaba "nda" che la segue.
La cadenza del sanscrito parlato, dunque, segue il flusso delle sillabe brevi e lunghe. Quando la sillaba è lunga, la voce si appoggia circa il doppio del tempo sul suono vocalico della sillaba stessa o, nel caso dei dittoghi *au* e *ai*, richiede un emissione che ben evidenzia le due vocali da cui sono composti, come in b**au**le e **ai**zzare rispettivamente. Se invece il caso porta in presenza della sillaba breve seguita da doppia consonante, la prima delle due consonanti che seguono viene pronunciata come fosse doppia: ā na nnda.
Si tenga presente che i segni grafici utilizzati non sono limitati all'alfabeto sopraesposto. C'è un modo di scrivere le vocali quando vanno a trasformare in altro il suono base della "a" breve intrinseco alla consonante (Appendice VI) e c'è un modo per scrivere le sillabe congiunte quando, nel corpo della parola si uniscono per susseguirsi nel suono. Il numero di queste sillabe è imprecisato ed un loro lungo elenco non riuscirebbe ad esaurirle. E' più proficuo impararle nella pratica, analizzandole con attenzione ad ogni incontro. Lo schema che segue è propedeutico anche a tale scopo. Tuttavia, nell'Appendice VI, all'illustrazione dei suoni vocalici post-consonantici è stato pure riportato un breve elenco delle sillabe congiunte più frequentemente usate.

# Come scrivere i caratteri Devanāgarī

Lo schema che segue mostra come vanno disegnati i caratteri Devanāgarī.

# LEZIONE II

I sostantivi sanscriti, come appaiono nel dizionario, sono nella loro *forma lessicale*, e sono qui considerati sotto due classi generali, la classe che termina in vocale e la classe che termina in consonante. I modi di trattare queste classi saranno affrontati separatamente.
Le vocali che più comunemente si trovano quali desinenze sono:

a, ā, i, ī, u, ṛ

I nomi, in sanscrito, sono divisi in tre generi: Maschile, Femminile e Neutro. I nomi dei maschi sono maschili e quelli delle femmine sono femminili, fermo restando che spesso non vi è corrispondenza di genere tra le due lingue, come ad esempio "luna", femminile in italiano ma maschile in sanscrito, cioè चन्द्र candra. Inoltre ci sono molti nomi maschili o femminili che non sono di genere né maschile né femminile, bensì neutro. Forme che terminano in *ā* o in *ī* di solito sono femminili.
Alla forma cruda o lessicale vengono dati otto sensi differenti mediante l'aggiunta di varie desinenze o mediante altre modificazioni Queste otto differenti forme del nome vengono chiamate *casi* e questi si realizzano attraverso tre numeri: *singolare*, *duale* (due) e *plurale* (più di due). In altre lingue la forma lessicale solitamente coincide con il caso Nominativo del nome, ma in sanscrito non è così.
IL CASO NOMINATIVO o कर्ताकारकम् (kartākārakam), che è il primo, è quella forma in cui il nome appare quando nella frase funge da soggetto. E' pure conosciuto come *caso soggettivo*. I nomi che terminano in vocali semplici formano il nominativo singolare come segue:

| | Desinenza della forma lessicale | | Desinenza del Nominativo |
|---|---|---|---|
| Maschile | - a | al nominativo diventa | aḥ |
| Neutro | - a | al nominativo diventa | am |
| Femminile | - ā | rimane inalterato | --- |
| Masc. o Fem. | - i | al nominativo diventa | iḥ |
| Femminile | - ī | al nominativo diventa | īḥ |
| Masc. o Fem. | - u | al nominativo diventa | uḥ |
| Masc. o Fem. | - ṛ | al nominativo diventa | ā |

Ecco alcuni esempi di quanto sopra: ratha रथ diventa rathaḥ रथः; pitṛ पितृ diventa pitā पिता; guru गुरु diventa guruḥ गुरुः. Si noti, comunque, che i sostantivi neutri la cui forma lessicale termina in *a* fanno il caso nominativo con *am*; così *vacana* वचन diventa *vacanam* वचनं o वचनम्

Pronuncia ed uso del *visarga.*

Visarga (ḥ), parola che significa "cessazione", "lasciar andare", si trova alla fine di una sillaba o di una parola e si pronuncia come un h finale dal suono esplosivo nella posizione articolante della vocale che la precede.
Si noti che alla fine di una parola da sola o nella posizione finale di una frase, *s* स् ed *r* र् si trasformano sempre in visarga (ḥ).

## ESERCIZIO I

Trascrivere nel caso Nominativo ciascuna delle parole che seguono, sia in Devanāgarī che in caratteri traslitterati:

### Sostantivi maschili in "a"

| | | | | | |
|---|---|---|---|---|---|
| अश्व | aśva | cavallo | बाल | bāla | ragazzo |
| गुण | guṇa | qualità | आराम | ārāma | giardino |
| देव | deva | dio | काक | kāka | corvo, cornacchia |
| चन्द्र | candra | luna | मध्य | madhya | mezzo, punto medio |
| रावण | rāvaṇa | Rāvaṇa | धर्म | dharma | merito, legge |
| पान्थ | pāntha | viaggiatore | बक | baka | gru (animale) |
| शिष्य | śiṣya | discepolo | वृक्ष | vṛkṣa | albero |
| समुद्र | samudra | oceano | शृगाल | śṛgāla | sciacallo |
| राम | rāma | Rāma | व्याघ्र | vyāghra | tigre |
| ब्राह्मण | brāhmaṇa | brahmano | हस्त | hasta | mano |
| नर | nara | uomo | मनुष्य | manuṣya | uomo |
| पुत्र | putra | figlio | क्रोध | krodha | rabbia, collera |
| मृग | mṛga | cervo | सर्प | sarpa | serpente |
| बाण | bāṇa | freccia | चौर | caura | ladro |
| भक्त | bhakta | devoto | मालिक | mālika | giardiniere |
| ग्राम | grāma | villaggio | रथ | ratha | carro |
| मूषिक | mūṣika | topo | पर्वत | parvata | montagna |
| जन | jana | uomo, persona | लोक | loka | mondo, gente |
| योग | yoga | unione | आनन्द | ānanda | beatitudine |

### Sostantivi neutri in "a"

| | | | | | |
|---|---|---|---|---|---|
| रूप | rūpa | forma | ज्ञान | jñāna | conoscenza |
| बीज | bīja | seme | अमृत | amṛta | immortalità |
| फल | phala | frutto | मृत | mṛta | morte |
| आसन | āsana | sedile | पुस्तक | pustaka | libro |
| वचन | vacana | discorso | शास्त्र | śāstra | testo sacro |
| गृह | gṛha | casa | तीर | tīra | spiaggia, costa |
| वन | vana | bosco | धन | dhana | denaro |
| पत्र | patra | foglia | अन्न | anna | cibo |
| जल | jala | acqua | चक्र | cakra | ruota |
| कुल | kula | famiglia | हुत | huta | sacrificio |
| मस्तक | mastaka | testa | दुःख | duḥkha | dolore |
| पुष्प | puṣpa | fiore | सुख | sukha | felicità |
| पातक | pātaka | peccato | भूत | bhūta | essere, creatura |
| सत्य | satya | verità | उत्पल | utpala | loto |

### Sostantivi femminili in "ā"

| | | | | | |
|---|---|---|---|---|---|
| माला | mālā | ghirlanda | पूजा | pūjā | adorazione |
| सभा | sabhā | assemblea | हिंसा | hiṁsā | offesa |
| कन्या | kanyā | ragazza | क्रिया | kriyā | azione |
| चिन्ता | cintā | riflessione, pensiero | विद्या | vidyā | conoscenza |
| इच्छा | icchā | volontà, desiderio | तारा | tārā | stella |
| वीणा | vīṇā | liuto | श्रद्धा | śraddhā | fede |
| सेवा | sevā | servizio | | | |

**Sostantivi maschili in "i"**

| | | |
|---|---|---|
| अग्नि | agni | fuoco |
| हरि | hari | nome di Vi-shṇu |
| कपि | kapi | scimmia |
| पति | pati | signore, maestro |
| कवि | kavi | poeta |
| ऋषि | ṛṣi | saggio |

**Sostantivi femminili in "i"**

| | | |
|---|---|---|
| बुद्धि | buddhi | comprensione |
| शक्ति | śakti | potere |
| भूमि | bhūmi | terra |
| रुचि | ruci | piacere, diletto |
| शान्ति | śānti | pace |
| सिद्धि | siddhi | perfezione |
| उक्ति | ukti | discorso |

**Sostantivo femminile in "ī"**

| | | |
|---|---|---|
| श्री | śrī | prosperità |

**Sostantivi maschili in "ṛ"**

| | | |
|---|---|---|
| धातृ | dhātṛ | creatore |
| दातृ | dātṛ | colui che da |
| कर्तृ | kartṛ | colui che fa |
| पितृ | pitṛ | padre |

**Sostantivi femminili in "ṛ"**

| | | |
|---|---|---|
| दुहितृ | duhitṛ | figlia |
| मातृ | mātṛ | madre |

**Sostantivi maschili in "u"**

| | | | | | |
|---|---|---|---|---|---|
| गुरु | guru | maestro, insegnante | शत्रु | śatru | nemico |
| प्रभु | prabhu | signore | मृत्यु | mṛtyu | morte |

Nomi che terminano in consonante

Quando i sostantivi, nella loro forma lessicale, terminano in consonante, queste consonanti finali vengono cambiate in vari modi per formare il caso nominativo. Ecco alcuni di questi cambiamenti:
La c च् o ś श् diventano k क्

La n न् finale cade e se la parola non è di *genere neutro* la vocale che la precede viene allungata. Se invece il genere della parola è neutro la vocale rimane immutata.
La r र् si trasforma in visarga (ḥ) e la vocale precedente viene allungata.
Una lettera finale *aspirata* viene cambiata nella corrispondente lettera *non aspirata*:
Esempio: kh ख्
diventa k क्
Alcune consonanti finali rimangono immutate.

## ESERCIZIO II

Scrivere il caso Nominativo delle seguenti parole:

| | | | | | | | |
|---|---|---|---|---|---|---|---|
| योगिन् | yogin | m. | seguace dello yoga | कर्मन् | karman | n. | azione |
| वाच् | vāc | f. | parola | गिर् | gir | f. | parola |
| हस्तिन् | hastin | m. | elefante | राजन् | rājan | m. | re * |
| जगत् | jagat | n. | mondo | दिश् | diś | f. | direzione |
| आत्मन् | ātman | m. | spirito, sé * | विद्युत् | vidyut | f. | fulmine, lampo |
| नामन् | nāman | n. | nome * | चित्रलिख् | citralikh | m. | pittore |
| सत् | sat | m. | realtà, essere | ब्रह्मन् | brahman | n. | il Divino |
| चित् | cit | f. | coscienza | ब्रह्मन् | brahman | m. | il Creatore |

m. - maschile  f. - femminile  n. - neutro

* La declinazione completa di queste parole si trova nell'Appendice I.

# LEZIONE III

Generalmente, in un vocabolario, il verbo sanscrito appare nella forma conosciuta come *radice*.
Cominciamo con la *3a persona singolare del presente indicativo*. Questa generalmente si forma aggiungendo la sillaba *ti* alla radice in varie maniere, a seconda della classe a cui il verbo appartiene. Un esempio di aggiunta diretta è: da *as*, essere, si forma *asti*, che significa "(egli, ella, esso) è". *As* "essere" è una radice verbale della 2a coniugazione.

PRIMA CONIUGAZIONE. In questa coniugazione viene interposta una *a breve* tra la radice e la desinenza *ti*. Anche una vocale finale semplice nella radice (tutte le vocali sono semplici eccetto *e, ai, o, au*) o una *vocale breve* quando seguita da una *singola consonante*, viene cambiata nel suo appropriato sostituto guṇa.

## Sostituti Guṇa

| | | | | | |
|---|---|---|---|---|---|
| Il sostituto guṇa per | a | oppure | ā | rimane | invariato |
| | i | o | ī | è | e, oppure ay davanti alle vocali |
| | u | o | ū | " | o, oppure av davanti alle vocali |
| | ṛ | o | ṝ | " | ar |

ESEMPI. La radice *bhū* diventa *bho*, e la vocale *a* si interpone tra questa e la desinenza *ti*. In tal modo abbiamo *bho + a + ti*, che diventa *bhav + a + ti -- bhavati* , "egli diviene". La radice *śuc* diventa *śoc* che poi diviene *śocati*, "egli si addolora per"

### ESERCIZIO III

Scrivere, la 3a persona singolare, con i relativi significati, del presente indicativo dei seguenti verbi appartenenti alla prima coniugazione. Verificate con la tavola dei verbi nell'Appendice II.

| | | |
|---|---|---|
| अट् | aṭ | errare, vagare, girovagare |
| अर्ह् | arh | meritare |
| क्षि | kṣi | decadere, deteriorarsi |
| चर् | car | andare, camminare |
| जि | ji | vincere, conquistare |
| तॄ | tṝ | attraversare |
| त्यज् | tyaj | abbandonare |
| दह् | dah | bruciare |
| द्रु | dru | colare |

| | | |
|---|---|---|
| पच् | pac | cucinare |
| वद् | vad | parlare |
| वस् | vas | abitare, dimorare |
| वह् | vah | portare |
| श्रि | śri | servire |
| सृ | sṛ | andare |
| सृप् | sṛp | strisciare, avanzare furtivamente |
| स्मृ | smṛ | ricordare |
| स्रु | sru | gocciolare |
| हस् | has | ridere |
| हृ | hṛ | prendere |
| खन् | khan | scavare |
| पत् | pat | cadere |
| फल् | phal | dare frutti, fruttificare |
| बुध् | budh | conoscere |
| व्रज् | vraj | andare |
| जल्प् | jalp | mormorare, chiacchierare |
| चल् | cal | muoversi |
| भ्रम् | bhram | errare, vagare, girovagare |
| भू | bhū | diventare |
| शुच् | śuc | addolorarsi per |
| नम् | nam | onorare, rendere omaggio |

Si deve notare che queste sono le forme radice dei verbi, non l'infinito, come sembrerebbe dalla traduzione.

NUMERALI

| | | | | | | | | |
|---|---|---|---|---|---|---|---|---|
| 1 | १ | eka | 6 | ६ | ṣaṣ | 11 | ११ | ekādaśa |
| 2 | २ | dvi | 7 | ७ | sapta | 12 | १२ | dvādaśa |
| 3 | ३ | tri | 8 | ८ | aṣṭa | 13 | १३ | trayodaśa |
| 4 | ४ | catur | 9 | ९ | nava | 14 | १४ | caturdaśa |
| 5 | ५ | pañca | 10 | १० | daśa | 15 | १५ | pañcadaśa |

# LEZIONE IV

Solitamente si fa uno sforzo per evitare combinazioni di suoni di difficile pronuncia quando le parole si riuniscono in una frase. In Sanscrito c'è una serie di regole aventi a che fare con i cambiamenti a cui le parole devono sottostare quando si incontrano. Queste sono conosciute come le regole del Saṁdhi, una lista delle quali viene presentata nell'Appendice IV. Comunque, a seconda della necessità, saranno trattate separatamente.

## Regole del Saṁdhi

Quando due parole s'incontrano con la prima che termina in *aḥ* e la seconda che inizia in *consonante soffice*, *aḥ* si trasforma in *o*. Esempio: *devaḥ + vadati* diventa *devo vadati*, "il dio parla", essendo *devaḥ* il nominativo singolare di *deva, "dio"*, e *vadati* la 3a persona singolare del presente indicativo di *vad*, "parlare".
Le consonanti soffici sono: ga gha ṅa ja jha ña ḍa ḍha ṇa da dha na ba bha ma ya ra la va ha.

Quando, invece, la prima termina in *aḥ* e la seconda inizia con *a*, la *aḥ* diventa *o* e la *a breve* che segue viene sostituita da un apostrofo (*avagraha*), che in Devanāgarī si scrive così:

ऽ

Un esempio di ciò è:

पुत्रः अर्हति putraḥ arhati che diventa पुत्रोऽर्हति putro'rhati

ESERCIZIO IV

Tradurre le frasi seguenti (si noti che i caratteri alla fine delle frasi sono i numerali da 1 a 22)

रामो जयति । १ ।

रावणो व्रजति । २ ।

वृक्षः फलति । ३ ।

नरो बोधति । ४ ।

ब्राह्मणो भ्रमति । ५ ।

पान्थो जल्पति । ६ ।

शृगालो हरति । ७ ।

पुत्रः स्मरति ।८ ।

देवो वदति । ९ ।

पत्रं चलति । १० ।

मृगो वसति । ११ ।

माता हसति । १२ ।

बालोऽर्हति १३ ।

अन्नं क्षयति । १४ ।

जलं द्रवति । १५ ।

विद्युत् सरति । १६ ।

राजा तरति । १७ ।

पान्थोऽटति । १८ ।

सर्पः सर्पति । १९ ।

आत्मा बोधति । २० ।

नरो भवति । २१ ।

सत्यं जयति । २२ ।

## ESERCIZIO V

Tradurre in sanscrito le frasi che seguono, facendo attenzione alle regole del Saṁdhi esposte sopra. Esempio: Rāma conquista = rāmaḥ+ji+a+ti = rāmaḥ+jayati = rāmo jayati.

1 La gru vaga.
2 Il dio ride.
3 Il cavallo porta.
4 L'albero cade.
5 La foglia si deteriora.
6 Il padre attraversa.
7 L'acqua cola.
8 La ragazza serve.
9 Il cervo vaga.
10 Il Brahmano cucina.
11 Lo sciacallo dimora.
12 Il viaggiatore conosce.
13 L'uomo chiacchiera.
14 La figlia abbandona.
15 Il topo scava.
16 La madre parla.
17 Il viaggiatore merita.
18 Il villaggio brucia.

Gli articoli determinativi non vengono tradotti.

## LEZIONE V

### Regole del Saṁdhi

Quando due parole s'incontrano, se la prima termina con *visarga* preceduto da qualsiasi vocale e la seconda inizia con *c, ch, ṭ, ṭh, t, th,* il visarga si trasforma in una *sibilante* della stessa classe della consonante. Le relazioni sono le seguenti:

| | | | | |
|---|---|---|---|---|
| Davanti a | *c* oppure *ch* | visarga diventa | | *ś* |
| " | *ṭ* oppure *ṭh* | " | " | *ṣ* |
| " | *t* oppure *th* | " | " | *s* |

Esempio: Se la parola *tarati* segue *naraḥ* avremo *naraḥ + tarati* che diventa *narastarati* - "l'uomo attraversa". V*isarga*, preceduto da qualsiasi vocale, rimane immutato davanti alle *gutturali dure*, alle *labiali* e alle *sibilanti,* come *ka, kha, pa, pha, śa, ṣa, sa.* (Per ulteriori esempi si veda l'Appendice IV, Regola 7).

ESERCIZIO VI

Tradurre le seguenti frasi:

मृगः सरति । १ ।

रामः स्मरति । २ ।

अश्वः पतति । ३ ।

पान्थश्चरति । ४ ।

शृगालश्चरति । ५ ।

पुत्रः पचति । ६ ।

रावणस्त्यजति । ७ ।

नरः श्रयति । ८ ।

वृक्षः क्षयति । ९ ।

माता शोचति । १० ।

मूषिकः खनति । ११ ।

वृक्षः फलति । १२ ।

चन्द्रश्चलति । १३ ।

गुरुस्त्यजति । १४ ।

हरिस्तरति । १५ ।

पिता चरति । १६ ।

सत्यं माता पिता ज्ञानम् ॥

ESERCIZIO VII

Tradurre le seguenti frasi in sanscrito:

1 Il devoto attraversa.

2 Il Brahmano abbandona.

3 L'Albero si deteriora.

7 La figlia ricorda.

8 Il maestro abbandona

9 Il nemico attraversa.

4 Lo sciacallo avanza furtivamente.
5 Il figlio ricorda.
6 Il cuoco cucina.

10 La ragazza ride.
11 La scimmia va.
12 Il re conosce.

NUMERALI (continuazione)

| | | | | | | | | |
|---|---|---|---|---|---|---|---|---|
| 16 | १६ | ṣodaśa | 40 | ४० | catvāriṁśat | 66 | ६६ | ṣaṭṣaṣṭi |
| 17 | १७ | saptadaśa | 43 | ४३ | trayaścatvāriṁśat | 70 | ७० | saptati |
| 18 | १८ | aṣṭadaśa | 44 | ४४ | catuścatvāriṁśat | 73 | ७३ | trayassaptati |
| 19 | १९ | navadaśa oppure ekonaviṁśati | 46 | ४६ | ṣaṭcatvāriṁśat | 74 | ७४ | catussaptati |
| 20 | २० | viṁśati | 50 | ५० | pañcāśat | 76 | ७६ | ṣaṭsaptati |
| 21 | २१ | ekaviṁśati | 53 | ५३ | trayaḥpañcāśat | 80 | ८० | aśīti |
| 26 | २६ | ṣaḍviṁśati | 54 | ५४ | catuḥpañcāśat | 81 | ८१ | ekāśīti |
| 30 | ३० | triṁśat | 56 | ५६ | ṣaṭpañcāśat | 82 | ८२ | dvyaśīti |
| 33 | ३३ | trayastriṁśat | 60 | ६० | ṣaṣṭi | 83 | ८३ | tryaśīti |
| 34 | ३४ | catustriṁśat | 63 | ६३ | trayaḥṣaṣṭi | 85 | ८५ | pañcāśīti |
| 36 | ३६ | ṣattriṁśat | 64 | ७४ | catuṣṣaṣṭi | | | |

# LEZIONE VI

FUTURO INDICATIVO SEMPLICE. La desinenza del verbo per la 3a persona singolare del futuro è *syati* o *iṣyati*. Più precisamente *sya* o *iṣya* viene viene aggiunto alla radice usando le regole guṇa e a quella forma vengono aggiunte le desinenze del tempo presente. Esempio: *bhū* che nel presente è *bhavati*, nel futuro diventa *bhav+iṣya+ti = bhaviṣyati.*
Nei casi in cui il futuro è formato mediante *syati*, la radice verbale sottostà spesso ad un mutamento. Qui vengono dati alcuni esempi che dovrebbero essere memorizzati. Per la rimanenza controllare la tavola dei verbi nell'Appendice II.

| | | | |
|---|---|---|---|
| त्यक्ष्यति | tyakṣyati | (tyaj+ syati) | abbandonerà |
| धक्ष्यति | dhakṣyati | (dah+syati) | brucerà |
| द्रोष्यति | droṣyati | (dru+syati) | colerà |
| पक्ष्यति | pakṣyati | (pac+syati) | cucinerà |
| जेष्यति | jeṣyati | (ji+syati) | vincerà |
| वत्स्यति | vatsyati | (vas+syati) | abiterà, dimorerà |
| वक्ष्यति | vakṣyati | (vah+syati) | porterà |

ESERCIZIO VIII

Tradurre le seguenti frasi:

जलं द्रोष्यति । १ ।
नरः पक्ष्यति । २ ।
व्याघ्रो जेष्यति । ३ ।
नरो वत्स्यति । ४ ।
चौरस्त्यक्ष्यति । ५ ।
ब्राह्मणो भ्रमिष्यति । ११ ।
देवः स्मरिष्यति । १२ ।
पिता बोधिष्यति । १३ ।
काको हरिष्यति । १४ ।

देवो भविष्यति । ६ ।
मृगोऽटिष्यति । ७ ।
शिष्योऽर्हिष्यति । ८ ।
फलं क्षेष्यति । ९ ।
अन्नं धक्ष्यति । १० ।
रथो वक्ष्यति । १५ ।
माता शोचिष्यति । १६ ।
सर्पः सर्प्स्यति । १७ ।
नरः श्रयिष्यति । १८ ।

सत्यं जेष्यति ॥

## ESERCIZIO IX

Tradurre in sanscrito:

1 Il cavallo cadrà.
2 Il figlio vagherà.
3 L'uomo ricorderà.
4 Il brahmano conoscerà.
5 Il cavallo andrà.
6 Il brahmano parlerà.
7 L'alberò darà frutti.
8 Lo sciacallo prenderà.
9 Rāma riderà
10 Rāvana attraverserà.
11 Rāma vincerà.
12 Il re conoscerà.

## NUMERALI (continuazione)

| | | | | | |
|---|---|---|---|---|---|
| 86 | ८६ | ṣaḍaśīti | 10.000 | १०,००० | ayuta |
| 90 | ९० | navati | 100.000 | १००,००० | lakṣa |
| 93 | ९३ | trayonavati | 1.000.000 | १,०००,००० | niyuta |
| 96 | ९६ | ṣaṇṇavati | 10.000.000 | १०,०००,००० | koṭi |
| 100 | १०० | śata | 100.000.000 | १००,०००,००० | arbuda |
| 1.000 | १,००० | sahasra | 1.000.000.000 | १,०००,०००,००० | kharvva |

# LEZIONE VII

IL CASO VOCATIVO. Questo è il secondo caso. E' usato per rivolgersi a qualcuno:

| | | |
|---|---|---|
| हे राम | he rāma | O Rāma ! |
| हे सखे | he sakhe | O amico ! |
| हे सखि | he sakhi | O amica ! |

N.B.: Il caso nominativo dei tre nomi è rispettivamente rāmaḥ, sakhiḥ e sakhī.

IL CASO ACCUSATIVO. Questo è il terzo caso e, benché abbia anche altri usi, indica con maggior frequenza l'oggetto di un verbo transitivo. Un verbo transitivo è un verbo che, senza la presenza di una parola che indichi un oggetto sul quale o al quale viene applicata un'azione, è privo di significato completo .
Esempio: *Rāma cucina il cibo*. Qui *cucina* è un verbo transitivo e *cibo* è il destinatario dell'azione. Dunque *cibo* è declinato nel caso accusativo.

DESINENZE del VOCATIVO ed ACCUSATIVO - Singolare:

| Forma cruda | | Vocativo | Accusativo |
|---|---|---|---|
| a | diventa | a | am |
| ā | " | e | ām |
| i | " | e | im |
| ī | " | i | īm |
| u | " | o | um |
| ṛ | " | ar | aram *oppure* āram |

## Regole del Saṁdhi

La "m" finale rimane sé stessa alla fine di una frase e davanti alle vocali. Quando viene seguita da una consonante appartenente alle prime cinque classi si cambia in *anusvāra* o nella nasale della classe a cui la consonante incontrata appartiene. Davanti a tutte le altre lettere diventa semplicemente *anusvāra*. Per ulteriori dettagli si veda il Gruppo IV nell'Appendice II.

Esempi:

| | | |
|---|---|---|
| अन्नं वहति | annaṁ vahati | (egli/ella) porta il cibo |
| अन्नं पचति/अन्नम्पचति | annaṁ pacati/annampacati | (egli/ella) cucina il cibo |

अन्नं त्यजति/अन्नन्त्यजति annaṁ tyajati/annantyajati (egli/ella) abbandona il cibo

Il nome nel caso accusativo generalmente precede il verbo.

## ESERCIZIO X

Tradurre in italiano:

अन्नम्पचति नरः । १ ।

शास्त्रं स्मरति ब्राह्मणः । २ ।

पुत्रो बोधति पितरम् । ३ ।

सभान्त्यजति रावणः । ४ ।

शत्रुं जयति (शत्रुञ्जयति) रामः । ५ ।

मातरं स्मरति बालः । ६ ।

हरिं स्मरिष्यति ब्राह्मणः । ७ ।

क्रोधं जेष्यति रामः । ८ ।

वृक्षन्धक्ष्यति विद्युत् । ९ ।

नरं वहति हस्ती । १० ।

प्रभुं बोधति राजा । ११ ।

आरामं खनति (आरामङ्खनति) मालिकः । १२ ।

धातारं बोधति देवः । १३ ।

गृहन्त्यजति पुत्रः । १४ ।

नर सत्यं वद । धर्मं चर । १५ ।

*N.B.: vada* e *cara* sono imperativo 2a pers. sing.

## ESERCIZIO XI

Tradurre in sanscrito:

1 Il padre conosce il figlio.

2 Il brahmano ricorderà la scrittura.

3 Rāma abbandonerà la casa.

4 Il carro porta l'uomo.

5 Il figlio cucinerà il cibo.

6 Il devoto conoscerà il dio.

7 La gru attraverserà l'acqua.

8 Il topo scaverà il terreno.

9 Il figlio servirà il padre.

Nota: Nella traduzione dall'italiano gli articoli determinativo e indeterminativo non vengono tradotti.

# LEZIONE VIII

VERBI IRREGOLARI - PRIMA CONIUGAZIONE. Alcuni verbi di questa coniugazione formano alcuni tempi in modo irregolare. La 3a persona singolare, tempo presente, dei seguenti verbi dovrebbe essere memorizzata. E' necessario ricordare che in questa coniugazione viene inserita una *a* prima delle desinenze.

| | | | | | |
|---|---|---|---|---|---|
| क्रम् | kram | diventa | क्रामति | krāmati | egli/ella cammina |
| गम् | gam | " | गच्छति | gacchati | egli/ella va |
| गुप् | gup | " | गोपायति | gopāyati | egli/ella protegge |
| घ्रा | ghrā | " | जिघ्रति | jighrati | egli/ella annusa |
| जीव् | jīv | " | जीवति | jīvati | egli/ella vive |
| यम् | yam | " | यच्छति | yacchati | egli/ella dà/trattiene |
| पश् (दृश्) | paś (dṛś) | " | पश्यति | paśyati | egli/ella vede |
| पा | pā | " | पिबति | pibati | egli/ella beve |
| स्था | sthā | " | तिष्ठति | tiṣṭhati | egli/ella stà |
| इष् | iṣ | " | इच्छति | icchati | egli/ella desidera |

## Regole del Saṁdhi

*Visarga* cade quando è preceduto da *a breve* e seguito da qualsiasi altra vocale. Così *naraḥ icchati* diventa *nara icchati* नर इच्छति. e le parole non vengono unite.

La 3a persona plurale del tempo presente, corrispondente alla 3a persona singolare che termina in ati, finisce in a+nti.

Esempio: भवन्ति bhavanti = essi diventano

La particella negativa è न na, "non", "no" e precede il verbo.

Esempi:

| | | |
|---|---|---|
| न भवति | na bhavati | (egli/ella) non diventa |
| न भवन्ति | na bhavanti | (essi/esse) non diventano |

| किम्। | कुत्र। | क्व। | कदा। | किमर्थम्। | कुतः। | कथम्। |
|---|---|---|---|---|---|---|
| kim? | kutra? | kva? | kadā? | kimartham? | kutaḥ? | katham |
| Che cosa? | Dove? | | Quando? | Perché? | Da dove? | Come? |

Esempi:

| | | |
|---|---|---|
| किं वदति। | kiṁ vadati? | Che cosa dice? |
| कुत्र वसति। | kutra vasati? | Dove vive? |
| कुत आगच्छति। | kuta āgacchati | Da dove viene? |
| कदा आगमिष्यति। | kadā āgamiṣyati? | Quando verrà? |
| तव भ्राता कथमस्ति। | tava bhrātā kathamasti | Come sta tuo fratello? |

N.B.: āgamiṣyati è la terza persona singolare del tempo futuro del verbo आगम् āgam che significa venire; tava significa tuo ed è la declinazione al genitivo del pronome personale 2a persona त्वम् tvam, che significa tu.

| | | |
|---|---|---|
| किमर्थं पितरं पुत्रो न स्मरति। | kimarthaṁ pitaraṁ putro na smarati? | Perché il figlio non ricorda il padre? |

Si noti che gli interrogativi cominciano con la क् k . Si noti anche che *kimartham* è una parola indeclinabile che significa letteralmente “per quale scopo?”.
I verbi con il significato di *moto a luogo* richiedono l'accusativo del posto verso cui il moto è diretto.
Esempio: काशीङ्गच्छति। kāśīṅgacchati. (Egli/ella) va a Benares.

## ESERCIZIO XII

Tradurre in italiano:

तारां पश्यति चित्रलिक्। १।

कुत्र जीविष्यति बालः। २।

कदा पतिं गोपायति मनुष्यः। ५।

किं पिबति शृगालः। ६।

नर ऋषिं बोधति। ७।

किमर्थं श्रियं राजा न यच्छति। ३।

कदा हस्ती गच्छति पर्वतम्। ४।

किमर्थं तिष्ठति शिष्यः। ८।

कदा काशीं गमिष्यति पुत्रः। ९।

## ESERCIZIO XIII

Tradurre in sanscrito:

1 Il brahmano ricorda la scrittura.
2 Il corvo non vede lo sciacallo.
3 Perché il padre non protegge il figlio?
4 Rāma cammina verso la montagna.
5 (Loro) vanno a Benares.
6 Il figlio annusa il fiore.
7 Il brahmano beve acqua.

ऋतं वद ॥ ṛtaṁ vada. Parla la verità!

# LEZIONE IX

Parallelamente alle desinenze precedentemente date, il nominativo e il vocativo plurali, che si applicano soltanto a numeri maggiori di due, si formano come segue:

| Finale della forma cruda | | Desinenze del Nominativo e del Vocativo plurali |
|---|---|---|
| a (maschile) | diventa | āḥ |
| ā (femminile) | " | āḥ |
| a (neutro) | " | āni o āṇi |
| i (maschile o femminile) | " | ayaḥ |
| u (maschile o femminile) | " | avaḥ |
| ṛ (maschile o femminile) | " | araḥ o āraḥ |

Nell'applicare ad un sostantivo la desinenza neutra plurale āni, deve venir applicata la seguente regola del Saṁdhi
Quando la dentale nasale *n* è immediatamente seguita da una vocale, o da *n*, *m*, *y*, o *v* è trasformata nella cerebrale *ṇ*, se preceduta nella stessa parola da *ṣ*, *r*, *ṛ*, *ṝ*, e ciò non soltanto quando la lettera stà immediatamente prima della nasale, ma indipendentemente dalla distanza da quest'ultima; a meno che non intervengano una palatale (eccetto *y*), una cerebrale o una dentale. Per cui da una parte avremo तीराणि tīrāṇi, पुष्पाणि puṣpāṇi, e dall'altra फलानि phalāni. Per ulteriori esempi vedere la Regola 18 nell'Appendice IV.

## Regola del Saṁdhi

Quando *āḥ* è seguita da una consonante soffice o da una vocale, il *visarga* (*ḥ*) cade.
Esempi; नराः + वसन्ति narāḥ + vasanti diventa नरा वसन्ति narā vasanti = gli uomini abitano
नराः + अर्हन्ति narāḥ + arhanti diventa नरा अर्हन्ति narā arhanti = gli uomini meritano

## ESERCIZIO XIV

Tradurre in italiano

किमर्थं नरा न वदन्ति । १ ।
वृक्षाः पतिष्यन्ति । २ ।
अन्नं पुत्राः पक्ष्यन्ति । ३ ।
काकाः कुत्र गच्छन्ति । ४ ।
कन्या तीरं गच्छति । ५ ।
कवयो वदिष्यन्ति । ६ ।
पितरस्तीरं गच्छन्ति । ७ ।
वृक्षाः क्षयन्ति । ८ ।
किमर्थं गुरवो गोपायन्ति शिष्यम् । ९ ।
कदा धनं यच्छन्ति पतयः । १० ।
क्रोधं त्यक्ष्यन्ति प्रभवः । ११ ।
मातरं पश्यन्ति दुहितरः । १२ ।
ईश्वरं नरा नमन्ति । १३ ।
कविं नरा नमन्ति । १४ ।

## ESERCIZIO XV

Tradurre in sanscrito:

1 I topi scavano.

2 I ladri prendono il cibo.

3 Gli uomini ridono.

4 I brahmani chiacchiereranno.

5 Gli sciacalli bevono l'acqua.

6 I figli cucineranno il cibo.

7 I padri non vedono il fiore.

8 Gli uomini vanno alla spiaggia.

9 I brahmani non attraverseranno il mare.

10 I fiori cadono.

11 Cosa dicono gli uomini?

# LEZIONE X

Desinenze dell'accusativo plurale (maschile):

| Finale della forma cruda | Desinenza dell'Accusativo plurale |
|---|---|
| a | ān |
| i | īn |
| u | ūn |
| ṛ | ṝn |

Desinenze dell'accusativo plurale (femminile):

| Finale della forma cruda | Desinenza dell'Accusativo plurale |
|---|---|
| ā | āḥ |
| i | īḥ |
| u | ūḥ |
| ṛ | ṝḥ |

Si noti che per i sostantivi di genere neutro l'Accusativo è identico al Nominativo sia al singolare che al plurale. Ad esempio, come per il Nominativo, l'Accusativo di *phala* è *phalam* al singolare e *phalāni* al plurale.

Regola del Saṁdhi

Davanti a *ja* e *śa* iniziali di parola, la *n* finale diventa a *ñ*:

| | | | |
|---|---|---|---|
| devān+jayati | devāñjayati | देवाञ्जयति | (egli/ella) vince gli dei |
| devān+śrāyati | devāñśrāyati | देवाञ्श्रायति | (egli/ella) serve gli dei |

Quando una *n* finale precede le palatali *ca* e *cha*, le cerebrali *ṭa* e *ṭha* e le dentali *ta* e *tha* viene inserita una sibilante corrispondente alla classe della consonante e la *n* diventa anusvāra:

| | | | |
|---|---|---|---|
| putrān+tyajati | putrāṁstyajati | पुत्रांस्त्यजति | (egli/ella) abbandona i figli |
| vanān+carati | vanāṁścarati | वनांश्चरति | (egli/ella) va ai boschi |

Quando una consonante soffice o una vocale seguono un *visarga* preceduto da qualsiasi vocale, eccetto la *a* breve o lunga, il visarga si trasforma in *r* Così *iḥ* diventa *ir*, *uḥ* diventa *ur*, ecc.:

| | | | |
|---|---|---|---|
| kaviḥ+vadati | kavirvadati | कविर्वदति | il poeta parla |

## ESERCIZIO XVI

Tradurre in sanscrito

पुत्राः कथं शास्त्राणि स्मरिष्यन्ति । १ ।

कुत्र गच्छन्ति शत्रवः । २ ।

गृहं गच्छन्ति ब्राह्मणाः । ३ ।

दुहिता पश्यति पितरम् । ४ ।

शृगालान् कथं न पश्यन्ति काकाः । ५ ।

कविः सभां गच्छति । ६ ।

कुलं स्मरन्ति पितरः । ७ ।

अग्निर्वृक्षान् धक्ष्यति । ८ ।

तीरं गमिष्यन्ति बकाः । ९ ।

कुतो धनं हरन्ति चौराः । १० ।

शत्रून् कुत्र पश्यति रामः । ११ ।

पितॄन् कदा गोपायिष्यन्ति पुत्राः । १२ ।

शत्रूञ्जेष्यति देवः । १३ ।

ऋषीन् कवयो नमन्ति । १४ ।

## ESERCIZIO XVII

Tradurre in sanscrito

1. I corvi vedono gli sciacalli.
2. Gli sciacalli non vedono i corvi.
3. Rāma vede i (suoi) nemici.
4. I figli proteggono i (loro) genitori.
5. Perché i figli proteggono i genitori?
6. Rāma protegge le scimmie.
7. I genitori si addolorano per i figli.
8. I Brahmani ricordano le scritture.
9. Il ragazzo annusa i fiori.
10. Quando gli uomini vanno al villaggio?

## REVISIONE I

1. Quali sono le caratteristiche della prima coniugazione?
2. Quali sono i cambiamenti (considerati sino ad ora) che possono aver luogo nel caso del *visarga*?
3. In che cosa differisce la declinazione dei nomi neutri terminanti in *a* da quella dei maschili?
4. Qual'è il sistema dei sostituti guṇa?
5. Quali sono le consonanti soffici e quali quelle dure?

## ESERCIZIO DI REVISIONE I

Tradurre in sanscrito, prima al singolare e poi al plurale. Usare *nara* per uomo, *prabhu* per signore e *pati* per maestro.

| | | |
|---|---|---|
| Un uomo parla | Un signore parla | Un maestro parla |
| " " si muove | " " si muove | " " si muove |
| " " prende | " " prende | " " prende |
| " " attraversa | " " attraversa | " " attraversa |
| " " vaga | " " vaga | " " vaga |
| " " scava | " " scava | " " scava |
| " " girovaga | " " girovaga | " " girovaga |
| " " ricorda | " " ricorda | " " ricorda |
| " " sta | " " sta | " " sta |
| " " desidera | " " desidera | " " desidera |

Scrivere le frasi seguenti in Devanāgarī e in caratteri traslitterati, usando la forma alternativa di anusvāra *ṁ* ogniqualvolta possibile. Scrivere prima al singolare e poi al plurale. Osservare attentamente le regole della *n* finale nelle forme plurali. L'ordine delle parole da usare è *oggetto-verbo*.

(Egli) porta l'arco
(Lei) si addolora per (sua) figlia
(Egli) abbandona (suo) figlio.
(Egli) muove la mano.
(Egli) cucina il cibo.

(Egli) va al bosco.
(Egli) vince la tigre.
(Egli) conosce il devoto
(Egli) scava il giardino
(Egli) prende il carro.

(Bhagavad Gītā II, 11)

गतासूनगतासूंश्च नानुशोचन्ति पण्डिताः ॥

Gli uomini saggi non si addolorano né per i morti né per i vivi.

# LEZIONE XI

Il CASO STRUMENTALE indica strumentalità o associazione e può essere tradotto con le preposizioni "con" o "da".

Desinenze del CASO STRUMENTALE (singolare e plurale)):

| Nomi in | | Singolare | Plurale |
|---|---|---|---|
| a | diventa | ena | aiḥ |
| i (masc.) | " | inā | ibhiḥ |
| u (masc.) | " | unā | ubhiḥ |
| ṛ | " | rā | ṛbhiḥ |
| ā | " | ayā | ābhiḥ |

ESEMPI:

| | | |
|---|---|---|
| हस्तेन हरति | hastena harati | prende con la mano |
| अग्निना दहति | agninā dahati | brucia con il fuoco |

ESERCIZIO XVIII

सभां गच्छति पुत्रेण* पिता । १ ।

पतिर्नरं हस्तेन गोपायति । २ ।

हुतेन भक्ता जेष्यन्ति । ३ ।

गुरुर्यँस्यति फलानि हस्तेन । ४ ।

दुःखेन दुहितरं शोचति माता । ५ ।

धर्मेण* हरिं श्रयन्ति कवयः । ६ ।

कदा मात्रा नरा वसन्ति । ७ ।

अग्निना गृहाणि* दहन्ति । ८ ।

क्रोधेन ग्रामं त्यजन्ति शत्रवः । ९ ।

धनेन नरान् गोपायति राजा । १० ।

*Vedere le regole del sandhi nell'Appendice IV, Gruppo VI, per il mutamento della *n* nasale nella *ṇ* cerebrale.

ESERCIZIO XIX

1. Gli uomini cucinano il cibo con il fuoco.
2. Il Brahmano brucia il sacrificio con il fuoco.
3. Quando Rāvana vede i nemici con collera?
4. Quando l'uomo porterà il fiore con la mano?
5. Come attraverserà l'acqua il cervo?
6. Il figlio porta il fiore con la mano.
7. Rāma protegge (suo) padre con il merito.
8. Il figlio protegge (suo) padre con la ricchezza.
9. Gli uomini vivono con il cibo.

## COMBINAZIONE INTERNA DELLE FINALI RADICALI "N" ED "M"

Si noti che nella frase 4 del XVIII esercizio la *m* di *yaṁsyati* è scritta con l'anusvāra. Questo è il risultato di una regola di combinazione interna, cioè di una combinazione all'interno della parola stessa.
Nella combinazione interna una finale radicale "m" o "n" diventa *anusvāra* prima delle sibilanti e delle aspirate. Invece, prima delle 5 classi di consonanti, la "m" si trasforma nella nasale della stessa classe della consonante in questione.

# LEZIONE XII

PARTICIPIO PASSATO PASSIVO. Questa è una forma del verbo che viene trattata come fosse un aggettivo e, generalmente, termina in *ta*. Come l'aggettivo, anch'essa ha tre generi e si declina come un sostantivo. Questo participio deve accordarsi in genere, numero e caso con il nome o pronome che modifica. Così स्मृत smṛta, che significa "ricordato" o "è ricordato" si scrive al nominativo singolare, come pure negli altri casi, in tre forme:

| | Maschile | | Femminile | | Neutro | |
|---|---|---|---|---|---|---|
| Nom. sing. | स्मृतः | smṛtaḥ | स्मृता | smṛtā | स्मृतम् | smṛtam |
| Acc. sing. | स्मृतम् | smṛtam | स्मृताम् | smṛtām | स्मृतम् | smṛtam |
| Nom. plur. | स्मृताः | smṛtāḥ | स्मृताः | smṛtāḥ | स्मृतानि | smṛtāni |

Alcuni esempi dell'uso di questo participio:

| | | |
|---|---|---|
| धर्मः स्मृतः पित्रा। | dharmaḥ smṛtaḥ pitrā. | Il merito è ricordato dal padre. |
| गृहाणि त्यक्तानि। | gṛhāṇi tyaktāni. | Le case sono abbandonate. |
| कन्या हृता शत्रुणा। | kanyā hṛtā śatruṇā. | La ragazza è presa dal nemico. |
| नरेण दृष्टाः काकाश्चरिष्यन्ति। | nareṇa dṛṣṭāḥ kākāścariṣyanti. | Visti dall'uomo i cor-vi (se ne) andranno |

I seguenti participi passati passivi dovrebbero essere memorizzati per un utilizzo immediato. In quanto alle forme restanti si veda l'Appendice II.

| | | | | | |
|---|---|---|---|---|---|
| स्मृत | smṛta | ricordato | da | स्मृ | smṛ |
| उक्त | ukta | detto, parlato | " | वच् | vac |
| त्यक्त | tyakta | abbandonato | " | त्यज् | tyaj |
| हृत | hṛta | preso | " | हृ | hṛ |
| जित | jita | conquistato, vinto | da | जि | ji |
| गत | gata | andato | " | गम् | gam |
| दत्त | datta | dato | " | दा | dā |

| | | | | | |
|---|---|---|---|---|---|
| दृष्ट | dṛṣṭa | visto | " | दृष् | dṛṣ |
| पतित | patita | caduto | " | पत् | pat |
| पीत | pīta | bevuto | " | पा | pā |
| यत | yata | controllato | " | यम् | yam |
| जात | jāta | nato, prodotto | " | जन् | jan |
| भूत | bhūta | stato | " | भू | bhū |
| श्रुत | śruta | udito | " | श्रु | śru |

Quando è formato da verbi intransitivi, il participio spesso non ha un senso "passivo", ma soltanto "passato", come in *patita,* caduto.

ESERCIZIO XX

शास्त्रं ब्राह्मणेन स्मृतम् । १ ।

पुत्रः पित्रा त्यक्तः । २ ।

अन्नं हस्तेन हृतम् । ३ ।

रावणो रामेण जितः । ४ ।

नरो ग्रामं गतः । ५ ।

कन्या पित्रा दत्ता । ६ ।

धनं चौरेण दृष्टम् । ७ ।

जलं ब्राह्मणेन पीतम् । ८ ।

क्रोधो भक्तेन जितः । ९ ।

नरेण दत्तं फलं क्षेप्स्यति । १० ।

ऋषिना धर्म उक्तः । ११ ।

ESERCIZIO XXI

1. Il figlio, abbandonato dal padre, va al villaggio.
2. Rāvana, vinto da Rāma, cadrà.
3. Lo sciacallo, visto dall'uomo, abbandonerà il villaggio.
4. I figli, abbandonati dal padre, vagabonderanno.
5. Il corvo, visto dallo sciacallo, beve l'acqua.
6. La scrittura è udita dall'alunno.
7. La collera è controllata.
8. La ricchezza è presa dal viaggiatore.

# LEZIONE XIII

TEMPO PERFETTO o PASSATO REMOTO. Questo tempo si forma duplicando la radice in varie maniere. La desinenza per la *terza persona singolare* è *a*, ma se la radice termina in *ā*, la desinenza diventa *au*. Nella duplicazione di una radice, l'iniziale *gutturale* si cambia in *palatale*. Ad esempio क् *k* o ख् *kh* diventano च् *c* e ग् *g* diventa ज् *j*.
Inoltre un'aspirata diventa non aspirata come in: बभूव babhūva da भू bhū.
Ci sono altri mutamenti, ma per il momento vengono presentate le seguenti forme:

| | | | | | |
|---|---|---|---|---|---|
| भू | bhū | diventa | बभूव | babhūva | diventò |
| गम् | gam | " | जगाम | jagāma | andò |
| चर् | car | " | चचार | cacāra | camminò |
| जि | ji | " | जिगाय | jigāya | vinse |
| तृ | tṛ | " | ततार | tatāra | attraversò |
| त्यज् | tyaj | " | तत्याज | tatyāja | abbandonò |
| दा | dā | " | ददौ | dadau | diede |
| दह् | dah | " | ददाह | dadāha | bruciò |
| द्रु | dru | " | दुद्राव | dudrāva | colò |
| पा | pā | " | पपौ | papau | bevve |
| पच् | pac | " | पपाच | papāca | cucinò |
| पत् | pat | " | पपात | papāta | cadde |
| बुध् | budh | " | बुबोध | bubodha | conobbe |
| वद् | vad | " | उवाद | uvāda | parlò |
| वच् | vac | " | उवाच | uvāca | parlò |
| वस् | vas | " | उवास | uvāsa | abitò |
| वह् | vah | " | उवाह | uvāha | portò |
| भ्रम् | bhram | " | बभ्राम | babhrāma | vagò |

| | | | | | |
|---|---|---|---|---|---|
| शुच् | śuc | “ | शुशोच | śuśoca | si addolorò per |
| श्रि | śri | “ | शिश्राय | śiśrāya | servì |
| श्रु | śru | “ | शुश्राव | śuśrāva | udì |
| स्रु | sru | “ | सुस्राव | susrāva | gocciolò |
| सृ | sṛ | “ | ससार | sasāra | andò |
| सृप् | sṛp | “ | ससर्प | sasarpa | strisciò |
| स्मृ | smṛ | “ | सस्मार | sasmāra | ricordò |
| हस् | has | “ | जहास | jahāsa | rise |
| हृ | hṛ | “ | जहार | jahāra | prese |
| जन् | jan | “ | जज्ञे | jajñe | nacque |

Prendere nota dei nuovi verbi: *vac* - parlare, *dā* - dare, *jan* - nascere, *śru* - udire e *sru* – gocciolare. Le Forme del Presente e del Futuro di questi verbi saranno trattate assieme alle altre Coniugazioni. Si veda la Tavola dei Verbi nell'Appendice II.

## ESERCIZIO XXII

रावणं जिगाय रामः । १ ।
समुद्रं ततार कपिः । २ ।
पुत्रस्तत्याज पितरम् । ३ ।
अन्नं किमर्थं न पपाच नरः । ४ ।
पुष्पं कुतः पपात । ५ ।
ब्राह्मणः शास्त्रं बुबोध । ६ ।
नरः कुत्र बभ्राम । ७ ।
पिता पुत्रमुवाद । ८ ।
अश्वो नरमुवाह । ९ ।
जलं कुतः सुस्राव । १० ।
नरो जलं पपौ । ११ ।
मृगो वनं चचार । १२ ।

## ESERCIZIO XXIII

Tradurre in sanscrito:

1. Il cavallo cadde.
2. L'uomo non attraversò l'oceano.
3. Il Brahmano ricordò la scrittura.

4. Il padre, abbandonato dal figlio, vagabondò.
5. Lo sciacallo andò alla spiaggia.
6. Quando rise il ragazzo?.
7. (Egli) diede il cibo..
8. Il Brahmano udì la scrittura.
9. La ragazza servì (sua) madre.
10. Il frutto, preso dalla mano, cadde.
11. Il ladro, visto dall'uomo, attraversò l'acqua.
12. Il nemico bruciò la casa con collera.

# LEZIONE XIV

PARTICIPIO CONGIUNTO o GERUNDIO. In frasi come "Rāma vinse Rāvana e andò a casa", la prima azione può essere espressa con un participio quale: "*Avendo vinto* Rāvana, Rāma andò a casa". Le parole in corsivo corrispondono alla forma del verbo conosciuto come participio congiunto. In Sanscrito la desinenza di questo participio è *tvā*, tranne che nei participi composti con un prefisso, nel qual caso la desinenza è *ya*. Questo gerundio è indeclinabile in ambedue le sue forme.

Esempio: **रामो रावणं जित्वा गृहं जगाम** - *Avendo vinto* Rāvana, Rāma andò a casa.
rāmo rāvaṇaṁ jitvā gṛhaṁ jagāma (जित्वा jitvā deriva dalla radice verbale जि ji)

Un esempio della seconda forma di questo participio congiunto è:
**संभूय** = saṁbhūya = saṁ+bhū+ya = essendo venuti assieme.
Si noti che il prefisso ha cambiato la sua desinenza in *ya*. Per le due forme di tutti i verbi vedere la Tavola dei Verbi nell'Appendice II.
Essendo il primo tipo di participio di interesse immediato, le forme seguenti dovrebbero essere memorizzate:

| | | | | | |
|---|---|---|---|---|---|
| भूत्वा | bhūtvā | essendo diventato | da | भू | bhū |
| त्यक्त्वा | tyaktvā | avendo abbandonato | " | त्यज् | tyaj |
| दत्त्वा | dattvā | avendo dato | " | दा | dā |
| हृत्वा | hṛtvā | avendo preso | " | हृ | hṛ |
| पीत्वा | pītvā | avendo bevuto | " | पा | pā |
| स्मृत्वा | smṛtvā | avendo ricordato | " | स्मृ | smṛ |
| गत्वा | gatvā | essendo andato | " | गम् | gam |
| दृष्ट्वा | dṛṣṭvā | avendo visto | " | दृश् | dṛś |
| श्रुत्वा | śrutvā | avendo udito | " | श्रु | śru |
| स्थित्वा | sthitvā | essendo stato | " | स्था | sthā |

## ESERCIZIO XXIV

Tradurre in italiano:

पित्रा त्यक्तः पुत्रः गृहन्त्यक्त्वा भ्रमति। १।

ब्राह्मणः शास्त्रं स्मृत्वा तीरं गत्वा जलं पपौ। २।

मृगो नरं दृष्ट्वा चचार । ३ ।

नरः श्रुत्वा जहास । ४ ।

ब्राह्मणो जलं पीत्वा कुत्र गमिष्यति । ५ ।

पुष्पं हृतं पतिना दृष्ट्वा मालिकः शोचति । ६ ।

गुरवे स्वागतम् । - Benvenuto al guru.

ESERCIZIO XXV

Tradurre in sanscrito;
1. Il Brahmano, essendo andato alla spiaggia, beve l'acqua.
2. Il figlio, avendo abbandonato il padre, vagabonderà.
3. Gli uomini, avendo visto l'albero, andranno al villaggio.
4. Lo sciacallo, avendo bevuto l'acqua, andò alla spiaggia.
5. Il figlio, avendo ricordato il padre, parlò.
6. Avendo udito il poeta, il discepolo abbandonò il peccato.
7. Essendo diventato un signore, l'uomo vinse il nemico.

CONGIUNTIVO e PARTICIPIO PASSATO PASSIVO

Il participio congiuntivo è usato per definire un'azione precedente o completata. Questa forma si usa per narrare una sequenza di azioni ed evita l'uso delle congiunzioni. L'ultima azione o verbo nella sequenza di eventi prende spesso la forma del *participio passato passivo*. Così:

गृहं त्यक्त्वा वनं भ्रान्त्वा पुत्रो जलं तीर्णः ।

gṛhaṁ tyaktvā vanaṁ bhrāntvā putro jalaṁ tīrṇaḥ|

Avendo abbandonato la casa e vagabondato verso il bosco, il figlio (ha) attraversato l'acqua.

Nella frase ci sono due sostantivi declinati all'accusativo: gṛhaṁ e vanaṁ. Il primo, che significa *casa* è complemento oggetto, il secondo, cioè il *bosco*, è un complemento di moto a luogo. Ambedue questi complementi richiedono di essere espressi mediante l'*accusativo*.
Pure il Participio Passato Passivo viene usato come verbo finito che definisce una semplice azione passata:

वृक्षः पतितः । vṛkṣaḥ patitaḥ| L'albero cadde / è caduto

# LEZIONE XV

Le parole che seguono sono indeclinabili e dovrebbero essere semplicemente memorizzate con i loro significati

| | | |
|---|---|---|
| इह | iha | qui |
| किन्तु | kintu | ma |
| न | na | no |
| मध्ये | madhye* | in mezzo a |

* Si noti che, nonostante sia stato posto fra le parole indeclinabili, madhye in realtà è il locativo di madhya - mezzo, centro. Come si vedrà nelle frasi 4 e 5 dell'esercizio XXVIII della prossima lezione, si accompagna al caso genitivo: "in mezzo di".

| | | |
|---|---|---|
| तावत् | tāvat | tanto |
| किञ्च | kiñca | inoltre |
| समीपे | samīpe | vicino |
| इदानीम् | idānīm | adesso |
| एव | eva | rafforzativo dell'idea espressa |
| तथा हि | tathā hi | così, perciò |
| हि | hi* | per, perché, sicuramente |

* Talvolta viene usato semplicemente come espletivo.

| | | |
|---|---|---|
| पश्चात् | paścāt | dietro |
| अकस्मात् | akasmāt | improvvisamente |
| इति | iti | così |
| अद्य | adya | oggi |
| इव | iva | come, nello stesso modo |
| एवम् | evam | così, in questo modo |
| प्रायः | prāyaḥ | forse, quasi, per la maggior parte, come regola generale |
| पुनर् | punar | di nuovo |

Parole importanti a causa del loro continuo uso sono le seguenti:

| | Generale | Inclusivo | Interrogativo | Relativo | Dimostrativo | Prossimità |
|---|---|---|---|---|---|---|
| Tempo | कदाचित् | सर्वदा | कदा | यदा | तदा | |
| | kadācit | sarvadā | kadā | yadā | tadā | |
| | talvolta | sempre | quando? | quando | allora | |
| Modo | | सर्वथा | कथम् | यथा | तथा | अथ |
| | | sarvathā | katham | yathā | tathā | atha |
| | | completamente | come? | come | così | adesso, ora |
| Luogo | कुत्रचित् | सर्वत्र | कुत्र | यत्र | तत्र | अत्र |
| | kutracit | sarvatra | kutra | yatra | tatra | atra |
| | da qualche parte | ovunque | dove? | dove | lì | quì |
| | | | कुतः | यतः | ततः | अतः |
| | | | kutaḥ | yataḥ | tataḥ | ataḥ |
| | | | da dove? | da dove | da ciò, allora | perciò |

Si osservi dai sopra esposti paradigmi che gli *interrogativi* iniziano con क् *k* e i *relativi* con य् *y* e che fra tutte queste parole esiste una più o meno ovvia relazione di forma.
Si noti negli esempi che seguono come त्र *tra* sia la terminazione per il luogo, दा *dā* per il tempo e थ *tha*, था *thā* e धा *dhā* per il modo.

| Luogo | Modo | Tempo |
|---|---|---|
| एकत्र | एकधा | अधुना |
| ekatra | ekadhā | adhunā |
| in un posto | in un modo | adesso |
| अन्यत्र | द्विधा | एकदा |
| anyatra | dvidhā | ekadā |
| altrove | in due modi | allo stesso tempo, una volta |

अन्यथा

anyathā

in altri modi, altrimenti

DATIVO e ABLATIVO. Questi sono rispettivamente il quarto ed il quinto caso. Il Dativo è l'oggetto indiretto ed è retto dalle preposizioni "a" o "per". L'Ablativo è retto dalla preposizione "da" ed indica la provenienza.

| Terminazione della radice | | | Desinenze | |
|---|---|---|---|---|
| | | | Singolare | Plurale |
| a | diventa | dativo | āya | ebhyaḥ |
| | | ablativo | āt | ebhyaḥ |
| i (masc.) | " | dativo | aye | ibhyaḥ |
| | | ablativo | eḥ | ibhyaḥ |
| u (masc.) | " | dativo | ave | ubhyaḥ |
| | | ablativo | oḥ | ubhyaḥ |
| ṛ | " | dativo | re | ṛbhyaḥ |
| | | ablativo | uḥ | ṛbhyaḥ |
| ā (femm.) | " | dativo | āyai | ābhyaḥ |
| | | ablativo | āyāḥ | ābhyaḥ |

Esempi:

| | | | |
|---|---|---|---|
| रामाय | rāmāya | a Rāma | Dativo |
| रावणात् | rāvaṇāt | da Rāvana | Ablativo |
| मात्रे | mātre | alla madre | dativo |
| पितुः | pituḥ | dal padre | ablativo |
| हरये | haraye | ad Hari | dativo |
| कवेः | kaveḥ | dal poeta | ablativo |
| गुरवे | gurave | al maestro | dativo |
| प्रभोः | prabhoḥ | dal signore | ablativo |
| कन्यायै | kanyāyai | alla ragazza | dativo |
| सभायाः | sabhāyāḥ | dall'assemblea | ablativo |

| | | | |
|---|---|---|---|
| नरेभ्यः | narebhyaḥ | agli/dagli uomini | dativo/ablativo |
| दुहितृभ्यः | duhitṛbhyaḥ | alle/dalle figlie | dativo/ablativo |
| कपिभ्यः | kapibhyaḥ | alle/dalle scimmie | dativo/ablativo |
| शत्रुभ्यः | śatrubhyaḥ | ai/dai nemici | dativo/ablativo |
| ताराभ्यः | tārābhyaḥ | alle/dalle stelle | dativo/ablativo |

Regole del saṁdhi: Quando una parola termina in *consonante dura* ed è seguita da una parola che inizia con *consonante soffice* o *vocale*, la *consonante dura finale* della prima parola si cambia nella *consonante soffice* della medesima classe. Dunque, davanti a consonanti soffici o vocali, la *k* finale diventa *g* e la *p* finale diventa *b*.
Per quanto riguarda la *t* finale, studiare le Regole nell'Appendice IV, Gruppo VIII. Poiché queste eccezioni sono usate frequentemente è bene memorizzarle.

## ESERCIZIO XXVI

Tradurre in italiano:

अकस्मात् पुत्रस्तीरात् पपात । १ ।

पिता जलं दृष्ट्वा पुत्राय हस्तं ददौ । २ ।

ततो गत्वा ब्राह्मणाय धनं यच्छति । ३ ।

फलं वृक्षात् पतितं दृष्ट्वा पिता पुत्राय ददौ । ४ ।

कथं जलं हरति समुद्रात् । ५ ।

समीपे स्थित्वा नरोऽग्नेरन्नं जहार । ६ ।

यदा पिता तत्र जगाम तदा पुत्रः सस्मार । ७ ।

गुरुभ्यः पुस्तकानि शिष्यो ददौ । ८ ।

दुहितुर्मालां मालिकोऽद्य जहार । ९ ।

यथा वृक्षस्तथा फलानि । १० ।

## ESERCIZIO XXVII

Tradurre in sanscrito

1. Il padre diede il libro al figlio.
2. La ragazza (se ne) va da casa.
3. Improvvisamente un fiore cadde dall'albero.

4. (Egli) diede denaro ai Brahmani.
5. Rāvana non parlerà (spinto) dalla collera.
6. (Egli) prese l'acqua dall'oceano.
7. Allora il re diede denaro ai poeti.
8. La freccia cadrà di nuovo.

# LEZIONE XVI

Gli ultimi due casi da considerare sono il GENITIVO ed il LOCATIVO. Il genitivo generalmente indica possesso, invece il locativo denota lo stato in luogo delle cose.

| Terminazione della radice | | | Desinenze | |
|---|---|---|---|---|
| | | | Singolare | Plurale |
| a | diventa | genitivo | asya | ānām |
| | | locativo | e | eṣu |
| i (masc.) | " | genitivo | eḥ | īnām |
| | | locativo | au | iṣu |
| u (masc.) | " | genitivo | oḥ | ūnām |
| | | locativo | au | uṣu |
| ṛ | " | genitivo | uḥ | ṝṇām |
| | | locativo | ari | ṛṣu |
| ā (femm.) | " | genitivo | āyāḥ | ānām |
| | | locativo | āyām | āsu |

Esempi:

| | | | |
|---|---|---|---|
| रामस्य | rāmasya | di Rāma | genitivo |
| रावणे | rāvaṇe | in Rāvana | locativo |
| मातुः | mātuḥ | della madre | genitivo |
| पितरि | pitari | nel padre | locativo |
| हरेः | hareḥ | di Hari | genitivo |
| कवौ | kavau | nel poeta | locativo |
| गुरोः | guroḥ | del maestro | genitivo |
| प्रभौ | prabhau | nel signore | locativo |
| कन्यायाः | kanyāyāḥ | della ragazza | genitivo |
| सभायाम् | sabhāyām | nell'assemblea | locativo |
| नराणाम् | narāṇām | degli uomini | genitivo |
| नरेषु | nareṣu | negli uomini | locativo |

| | | | |
|---|---|---|---|
| दुहितॄणाम् | duhitṝṇām | delle figlie | genitivo |
| दुहितरि | duhitari | nelle figlie | locativo |
| कपीनाम् | kapīnām | delle scimmie | genitivo |
| कपिषु | kapiṣu | nelle scimmie | locativo |
| शत्रूणाम् | śatrūṇām | dei nemici | genitivo |
| शत्रुषु | śatruṣu | nei nemici | locativo |
| ताराणाम् | tārāṇām | delle stelle | genitivo |
| तारासु | tārāsu | nelle stelle | locativo |

## ESERCIZIO XXVIII

Tradurre in italiano

वृक्षे काको वसति । १ ।

कन्या समुद्रस्य तीरे स्थित्वा चन्द्रं पश्यति । २ ।

आरामं गत्वा वृक्षात् पतितं पुष्पं दृष्ट्वा मालिकः शुशोच । ३ ।

बालः कापीनां मध्ये स्थित्वा वदति । ४ ।

काकानां मध्ये बको न वसति । ५ ।

कवेर्वचनं श्रुत्वा राजा हसति । ६ ।

समुद्रस्य तीरे न कुत्रचित्* ततार शृगालः । ७ ।

*कुत्रचित् da qualche parte - न कुत्रचित् da nessuna parte

पितुर्वचनमेवं श्रुत्वा कुत्र जगाम पुत्रः । ८ ।

तीरे स्थित्वा जलं पीत्वा कपिर्वनं बभ्राम । ९ ।

## ESERCIZIO XXIX

Tradurre in sanscrito:

1. Rāma abita nel bosco.
2. (Egli) vide la casa di Rāvana.
3. (Egli) vede una ghirlanda di fiori nella mano del Brahmano.
4. Gli uomini abitano nelle case.
5. La famiglia dello sciacallo abita nel bosco.

6. (Egli) sta in mezzo ai fuochi.
7. (Egli) vide il corvo sulla spiaggia del mare.
8. (Egli) vede il fiore caduto nel fuoco.

## REVISIONE II

1. Dare le terminazioni di tutti i casi al singolare e al plurale (più di due) dei nomi le cui forme lessicali terminano in *a*, *i*, *u*, *ṛ*, *ā*.

2. Definire il Participio Passato Passivo, il Perfetto o Passato Remoto, e il Participio Congiunto o Gerundivo. Spiegare i loro usi.

3. Dare le terminazioni del Participio Passato Passivo in tutti i casi, al singolare e al plurale e in tutti tre i generi: maschile, femminile e neutro.

4. Spiegare se le desinenze del Participio Congiunto sono declinabili.

5. Quali sono le caratteristiche degli interrogativi e dei relativi?

6. Spiegare l'uso di ciascuno degli otto casi fornendo pure degli esempi.

## ESERCIZIO DI REVISIONE II

Tradurre in italiano:

हरिरेव देवोऽस्ति। १।

ततः पान्थ आराममकस्मज्जगाम। २।

पिता वनेभ्यः पुत्राणां गृहमिदानीं भ्रमति। ३।

रामस्य पुत्रः पित्रा गृहे पुनरेवमुक्तस्तस्थौ। ४।

प्रियः शिष्यो गुरुं श्रयति। ५।

देव इव रामोऽस्ति। ६।

बुद्धिरेव देवानां गुणोऽस्ति। ७।

पर्वताद्वनं वृक्षा अग्निना दहन्ति। ८।

अद्य ब्राह्मणानां पुत्राः शास्त्राणि न स्मरन्ति। ९।

शिष्यो गुरुभ्यः  ज्ञानं बोधति। १०।

फलानि वृक्षेभ्यः पतन्ति। ११।

भक्तः शास्त्राणां सत्यं बोधति। १२।

## LEZIONE XVII

# Regole del Saṁdhi

Nella formazione dei composti e nei casi in cui, nella frase, una parola ne segue un'altra, spesso le lettere così congiunte subiscono dei cambiamenti, come posto in rilievo dalle note seguenti:

A) Vocali simili si differenziano solo nella lunghezza (*a* ed *ā*; *i* ed *ī*; *u* ed *ū*); *a*, *u* ed *i* sono invece dissimili. Quando le vocali simili, a prescindere dalla rispettiva lunghezza, si incontrano, producono la corrispondente vocale lunga.
B) Quando l'incontro avviene tra vocali dissimili, ambedue vengono rimpiazzate dal loro sostituto guṇa.
C) Quando una parola termina con *a* od *ā* e la seguente comincia con un dittongo (e, ai, o, au) il sostituto vṛddhi prende il posto di ambedue. Il sostituto vṛddhi di *e* od *ai* è *ai*, il sostituto di *o* od *au* è *au*.
D) Le vocali *i*, *u*, *ṛ*, corte o lunghe, seguite da qualsiasi vocale dissimile, si cambiano rispettivamente in *y*, *v*, *r*

TABELLA DEI SOSTITUTI

| Terminazione della prima parola | Vocale iniziale della seconda parola | | | | | | | | | | | |
|---|---|---|---|---|---|---|---|---|---|---|---|---|
| | a | ā | i | ī | u | ū | ṛ | ṝ | e | ai | o | au |
| a oppure ā | ā | ā | e | e | o | o | ar | ar | ai | ai | au | au |
| i oppure ī | ya | yā | ī | ī | yu | yū | yṛ | yṝ | ye | yai | yo | yau |
| u oppure ū | va | vā | vi | vī | ū | ū | vṛ | vṝ | ve | vai | vo | vau |
| ṛ oppure ṝ | ra | rā | ri | rī | ru | rū | ṝ | ṝ | re | rai | ro | rau |

ESERCIZIO XXX

Unire le parole che seguono in accordo alle regole sopra esposte:

| | |
|---|---|
| अत्र आरामः । १ । | कविषु एवम् । ४ । |
| अत्र एव । २ । | किन्तु उवाह । ५ । |
| अत्र ऋषिणा । ३ । | पितृ अग्निः । ६ । |
| तथा हि इह । ७ । | अद्य उवाद् । ९ । |
| तथा हि अत्र । ८ । | कदा इति । १० । |

Ulteriori regole del saṁdhi si trovano nel Gruppo VII dell'Appendice IV. Tuttavia, allo scopo di poter affrontare le combinazioni che saranno richieste nei prossimi esercizi, si consiglia di tener presente la tabella che segue:

| | | | | | | | | | | | | | |
|---|---|---|---|---|---|---|---|---|---|---|---|---|---|
| | a | ā | i | ī | u | ū | ṛ | ṝ | e | ai | o | au |
| e | e' | a ā | a i | a ī | a u | a ū | a ṛ | a ṝ | a e | a ai | a o | a au |
| o | o' | a ā | a i | a ī | a u | a ū | a ṛ | a ṝ | a e | a ai | a o | a au |
| ai | ā a | ā ā | ā i | ā ī | ā u | ā ū | ā ṛ | ā ṝ | ā e | ā ai | ā o | ā au |
| or | āya | āyā | āyi | āyī | āyu | āyū | āyṛ | āyṝ | āye | āyai | āyo | āyau |
| au | āva | āvā | āvi | āvī | āvu | āvū | āvṛ | āvṝ | āve | āvai | āvo | āvau |

## ESERCIZIO XXXI

Unire le parole che seguono e trascriverle con i caratteri Devanāgarī:

1. deve atra
2. devo atra
3. phale (duale) atra
4. guro iha asti
5. pāpāyai icchāyai
6. sādhau ārāme
7. grāmasya samīpe idānīm
8. guro ṛṣī (duale) iha
9 he ṛṣe ekadā vada
10. padyai iha

# LEZIONE XVIII

## COMPOSTI KARMADHARAYA - AGGETTIVI

Gli aggettivi si accordano, nel genere, numero e caso, con il sostantivo che modificano. Quando stanno "non composti", cioè non congiunti al nome, vengono declinati come i sostantivi. Tuttavia, spesso vengono messi come prefisso al nome nella loro *forma lessicale*. In tal caso, l'aggettivo rimane inalterato lungo tutta la declinazione la quale, invece, produce modifiche soltanto al sostantivo. Questa classe di composti è conosciuta come *Karmadhāraya*, o composto descrittivo:

कृष्णसर्पः kṛṣṇasarpaḥ da कृष्णः सर्पः kṛṣṇaḥ sarpaḥ = serpente nero
कृष्णसर्पेण kṛṣṇasarpeṇa da कृष्णेन सर्पेण kṛṣṇena sarpeṇa = con il serpente nero

Si noti come nel composto la parola *kṛṣṇa* rimanga inalterata. Si tenga inoltre presente che il significato degli aggettivi può essere tramutato nel proprio opposto anteponendovi *a* o *an*, come da esempi:

| | | |
|---|---|---|
| तुल्य | tulya | simile |
| अतुल्य | atulya | differente |
| उचित | ucita | adatto, giusto, corretto |
| अनुचित | anucita | inadatto, ingiusto, scorretto |
| अन्त | anta (sost. m.) | fine |
| अनन्त | ananta (anche sost. n.) | infinito, senza fine |

Quella che segue è una lista di aggettivi di immediata utilità:

| | | | | | |
|---|---|---|---|---|---|
| विश्व | viśva | tutto | दूर | dūra | lontano |
| शुक्ल | śukla | bianco | कृष्ण | kṛṣṇa | nero |
| नील | nīla | blu | रक्त | rakta | rosso |
| क्षुद्र | kṣudra | piccolo, povero, abbietto | चित्र | citra | variegato, luminoso |
| प्रिय | priya | amato | संस्कृत | saṁskṛta | perfetto, raffinato |
| दीर्घ | dīrgha | lungo | नव | nava | nuovo |
| ह्रस्व | hrasva | corto | व्याकुल | vyākula | perplesso |
| स्थूल | sthūla | grosso | दिव्य | divya | divino |
| बहु | bahu | molto | अल्प | alpa | piccolo |

| | | | | | |
|---|---|---|---|---|---|
| शीघ्र | śīghra | veloce | मन्द | manda | lento |
| साधु | sādhu | bene, buono | शुन्य | śunya | vuoto |
| सुन्दर | sundara | bello | योग्य | yogya | adatto |
| वृद्ध | vṛddha | vecchio | दक्षिण | dakṣiṇa | meridionale |
| विस्मित | vismita | sorpreso, meravigliato | स्थिर | sthira | fermo, risoluto |
| पुराण | purāṇa | vecchio, antico | उचित | ucita | adatto |
| महत् | mahat | grande | generalmente mahat diventa महा mahā nei composti | | |

Gli aggettivi di genere neutro possono essere usati come avverbi. Ad esempio शीघ्रं गच्छति śīghraṁ gacchati (egli) va velocemente.
Allo stesso modo dei participi visti nella lezione XII, gli aggettivi che terminano in *a*, generalmente fanno il maschile in *aḥ*, il femminile in *ā* e il neutro in *am*:

| | | |
|---|---|---|
| अल्पः बालः = अल्पो बालः | alpaḥ bālaḥ = alpo bālaḥ | piccolo ragazzo |
| प्रिया कन्या | priyā kanyā | amata ragazza |
| दक्षिणम् आरण्यम् | dakṣiṇam āraṇyam | foresta meridionale |

Scritte in un composto, sarebbero: दक्षिणमारण्यम् dakṣiṇamāraṇyam, प्रियकन्या priyakanyā.

ESERCIZIO XXXII

Tradurre in sanscrito sotto forma di composti Karmadhāraya, facendo attenzione alla combinazione delle vocali.

1 Sedile adatto
2 Discorso raffinato
5 Anima infinita
6 Loto blu
7 Con un buon desiderio
8 Attraverso un discorso adatto
9 In un piccolo giardino
3 Buon cibo
4 Cavallo lento
10 Grande saggio
11 Da un grande saggio
12 Con una vecchia tigre
13 In un bel giardino
14 Da un fuoco rosso

Si noti che nelle frasi 10 e 11 si deve usare *mahā* invece di *mahat*.

## LEZIONE XIX

## COMPOSTI TATPURUṢA

In Italiano abbiamo frasi quali "la spiaggia del mare". In sanscrito "del mare" viene generalmente messo nel caso genitivo: समुद्रस्य *samudrasya*. Tuttavia in tale genere di frasi in cui il caso di un nome dipende da un altro o da un participio, alla frase può esser data la forma di quello che è conosciuto come Composto Tatpuruṣa. Ad esempio, per riprendere la frase menzionata all'inizio:

La spiaggia del mare    समुद्रस्य तीरम् = समुद्रतीरम्    samudrasya tīram = samudratīram

Il primo membro di tale composto potrebbe far la parte anche di altri casi, quali ad esempio il Locativo, lo Strumentale, ecc. Per esempio nel composto पङ्कमग्न paṅkamagna, "fango affondato", la parola पङ्क paṅka ha la forza del locativo e significa "affondato nel fango". Il composto लोभाकृष्ट lobhākṛṣṭa "brama attratto", evidentemente significa "attratto dalla brama" e लोभ lobha ha la forza del caso strumentale.
I vocaboli di queste ultime due frasi d'esempio sono nuovi, dunque è bene procedere alla loro traduzione esatta.

| | | | |
|---|---|---|---|
| पङ्क | paṅka | m. | fango |
| मग्न | magna | p.p. | affondato |
| लोभ | lobha | m. | brama, avidità |
| आकृष्ट | ākṛṣṭa | p.p. | attratto |

ESERCIZIO XXXIII

Scrivere ciascuna delle seguenti coppie di parole come composti Tatpuruṣa. Presentare ogni composto nella forma del nominativo singolare.

1 Afflusso (आगम āgama - m.) di ricchezza (अर्थ artha - m.).

2 Un centinaio (शत śata - num.) di folli (मूर्ख mūrkha - m.).

3 Sport (क्रीडा krīḍā - f.) nell'acqua.

4 Riva del Gange (गङ्गा gaṅgā - f.).

5 (Chi è) venuto (आगत āgata - p.p.) per (ottenere) rifugio(शरण śaraṇa - n.)

6 Abbandonato (हीन hīna - p.p.) dalla conoscenza(विद्या vidyā - f.).

7 Coperto (वेष्टित veṣṭita - p.p.) con vestiti(वस्त्र vastra - n.).

8 Una coppia (द्वय dvaya - num.) di versi (श्लोक śloka - m.).

9 Il Signore della terra (पृथिवी pṛthivī).

10 L'argine dello stagno (सरस् saras).

## ESERCIZIO XXXIV

Tradurre in italiano:

ततः सरस्तीरं गत्वा ब्राह्मणो नीलोत्पलं ददर्श । १ ।

पुत्रं विद्याहीनं श्रुत्वा ब्राह्मणो दुःखेन व्याकुलो भवति । २ ।

लोभाकृष्टं पान्थं पङ्कमग्नं दृष्ट्वा हसति । ३ ।

ब्राह्मणस्य वचनं श्रुत्वा सभा विस्मिता बभूव । ४ ।

हरेः सुन्दरपुस्तकं कुत्रास्ति । ५ ।

सुन्दराश्वान् महावने ददर्श साध्वृशिः । ६ ।

बह्वन्नं मन्दं पपाच वृद्धनरः । ७ ।

आत्मविद्यां बुबोध महर्षिः । ८ ।

वनेभ्यः पतेश्चित्रारामं जगाम सुन्दरकन्या । ९ ।

श्लोकद्वयमेव सस्मार महागुरोः शिष्यः । १० ।

## LEZIONE XX

## PRONOMI

I pronomi, per lo più, sono declinati come i sostantivi. Comunque, nella prima e nella seconda persona sono molto irregolari. Di seguito ecco alcuni di quelli di utilità immediata. Le declinazioni complete delle persone prima, seconda e terza. si trovano nell'Appendice III.

PRIMA PERSONA

| | Singolare | | | Plurale | | |
|---|---|---|---|---|---|---|
| Nom. | अहम् | aham | io | वयम् | vayam | noi |
| Acc. | माम् | mām | me | अस्मान् | asmān | ci |
| Strum. | मया | mayā | con, da me | अस्माभिः | asmābhiḥ | con, da noi |
| Gen. | मम | mama | mio, a | अस्माकम् | asmākam | nostro, a |

SECONDA PERSONA

| | Singolare | | | Plurale | | |
|---|---|---|---|---|---|---|
| Nom. | त्वम् | tvam | tu | यूयम् | yūyam | voi |
| Acc. | त्वाम् | tvām | te | युष्मान् | yuṣmān | vi |
| Strum. | त्वया | tvayā | con, da te | युष्माभिः | yuṣmābhiḥ | con, da voi |
| Gen. | तव | tava | tuo, a | युष्माकम् | yuṣmākam | vostro, a |

TERZA PERSONA MASCHILE

| | Singolare | | | Plurale | | |
|---|---|---|---|---|---|---|
| Nom. | सः | saḥ | egli | ते | te | loro |
| Acc. | तम् | tam | gli/lo, lui | तान् | tān | gli/li, loro |
| Strum. | तेन | tena | con, da lui | तैः | taiḥ | con, da loro |
| Gen. | तस्य | tasya | suo, a | तेषाम् | teṣām | di loro |

TERZA PERSONA FEMMINILE

| | Singolare | | | Plurale | | |
|---|---|---|---|---|---|---|
| Nom. | सा | sā | lei | ताः | tāḥ | loro |
| Acc. | ताम् | tām | le | ताः | tāḥ | le |

| | | | | | | |
|---|---|---|---|---|---|---|
| Strum. | तया | tayā | con, da lei | ताभिः | tābhiḥ | con, da loro |
| Gen. | तस्याः | tasyāḥ | suo, a | तासाम् | tāsām | di loro |

TERZA PERSONA NEUTRA

| | Singolare | | | Plurale | | |
|---|---|---|---|---|---|---|
| Nom. | तत् | tat | esso | तानि | tāni | essi |
| Acc. | तत् | tat | gli/la | तानि | tāni | gli/le |
| Strum. | तेन | tena | con, da esso | तैः | taiḥ | con, da essi |
| Gen. | तस्य | tasya | suo, a | तेषाम् | teṣām | essi |

Anteponendo una "e" ai pronomi di terza persona appena visti, *saḥ*, *sā* e *tat*, si forma una nuova serie di pronomi od aggettivi indicanti prossimità. A questo proposito bisogna tener presente che quando la *s* segue una qualsiasi vocale che non sia *a* od *ā*, si trasforma in *ṣ*.

MASCHILE

| | | | | |
|---|---|---|---|---|
| Nom. | सः | saḥ | एषः | eṣaḥ |
| Acc. | तम् | tam | एतम् | etam |
| Strum. | तेन | tena | एतेन | etena |
| Gen. | तस्य | tasya | एतस्य | etasya |

FEMMINILE

| | | | | |
|---|---|---|---|---|
| Nom. | सा | sā | एषा | eṣā |
| Acc. | ताम् | tām | एताम् | etām |
| Strum. | तया | tayā | एतया | etayā |
| Gen. | तस्याः | tasyāḥ | एतस्याः | etasyāḥ |

NEUTRO

| | | | | |
|---|---|---|---|---|
| Nom. | तत् | tat | एतत् | etat |
| Acc. | तत् | tat | एतत् | etat |

| | | | |
|---|---|---|---|
| Strum. | तेन | tena | एतेन etena |
| Gen. | तस्य | tasya | एतस्य etasya |

## Regole del Saṁdhi

Il pronome personale *saḥ*, "egli" o "quello" o "il", ed *eṣaḥ* "questo", perdono il visarga quando sono seguiti da qualsiasi lettera eccetto la *a* breve, nel qual caso ha luogo la consueta regola del Saṁdhi:

| | | | |
|---|---|---|---|
| saḥ gacchati | egli va | diventa | sa gacchati |
| eṣaḥ naraḥ | questo uomo | " | eṣa naraḥ |
| | | ma | |
| saḥ aṭati | egli girovaga | " | so'ṭati |

## Pronome e aggettivo dimostrativo

Dopo *eṣa* e *saḥ*, che come pronomi o aggettivi dimostrativi significano rispettivamente "questo", "quello", è utile considerare un'altra forma degli stessi: *ayam, idam, iyam*, forme del maschile, neutro e femminile per "questo qui" ed il suo opposto *asau, adaḥ, asau*, che sono forme del maschile, neutro e femminile per "quello lì". La regola per il loro corretto uso è la seguente:
*ayam, idam , iyam* si usano relativamente a persone o cose vicine, mentre con *eṣaḥ, etad, eṣā* ci si riferisce a persone o cose ancora più vicine;
*asau, adaḥ, asau* si usano relativamente a persone o cose lontane, mentre con *saḥ, tat, sā* ci si riferisce a persone o cose assenti.
Per la declinazione completa di questi pronomi si veda l'Appendice III.

## ESERCIZIO XXXV

कुत्र तेषां पिता वसति । १ ।

एतदस्त्यस्माकं गृहम् । २ ।

कुत्रास्ति युष्माकं गृहम् । ३ ।

पुराणे गृहे तव मातास्मान् ददर्श । ४ ।

तस्य पुष्पाणि मालिकस्तत्र तस्मिनारामे जिघ्रति । ५ ।

व्याघ्रोऽपि दक्षिणारण्ये वसति । ६ ।

अस्माकं गृहे कविपतिरस्ति । ७ ।

कदा शून्यगृहं सुन्दरमस्ति । ८ ।

कपिस्तेषां गृहाण्येवं धक्ष्यति । ९ ।

ततो वृद्धवृक्षं मन्दं जगाम । १० ।

वीणाध्वनिं* कुत्रचित् पान्थः शुश्राव । ११ ।

*dhvani – m. - suono

## ESERCIZIO XXXVI

1 Dov'è mio figlio?

2 Dov'è il tuo libro?

3 Lo sciacallo, visto da te, abbandonerà la foresta.

4 Il corvo, visto da me, abbandona l'albero.

5 Quando, questo discorso, fu udito da lui?

6 Qualcosa cadde di nuovo.

7 Improvvisamente un topo cadde dal sedile.

8 I Brahmani attraversano nuovamente l'acqua.

9 Egli vinse il nemico ovunque.

10 Talvolta il devoto vagabondò (per di) quà.

11 L'uomo conobbe le scritture.

12 Egli cucinerà il cibo in modo appropriato

13 Tra i Brahmani c'è un buon insegnante.

## LEZIONE XXI

## PRONOMI ED AGGETTIVI INTERROGATIVI

### Chi, Che cosa, Quale
### Singolare

| | Maschile | | Neutro | | Femminile | | |
|---|---|---|---|---|---|---|---|
| Nom. | कः | kaḥ | किम् | kim | का | kā | chi? |
| Acc. | कम् | kam | किम् | kim | काम् | kām | chi? |
| Strum. | केन | kena | केन | kena | कया | kayā | con chi? |
| Dat. | कस्मै | kasmai | कस्मै | kasmai | कस्यै | kasyai | a chi? |
| Abl. | कस्मात् | kasmāt | कस्मात् | kasmāt | कस्याः | kasyāḥ | da chi? |
| Gen. | कस्य | kasya | कस्य | kasya | कस्याः | kasyāḥ | di chi? |
| Loc. | कस्मिन् | kasmin | कस्मिन् | kasmin | कस्याम् | kasyām | in chi? |

### Plurale

| | Maschile | | Neutro | | Femminile | | |
|---|---|---|---|---|---|---|---|
| Nom. | के | ke | कानि | kāni | काः | kāḥ | chi? |
| Acc. | कान् | kān | कानि | kāni | काः | kāḥ | chi? |
| Strum. | कैः | kaiḥ | कैः | kaiḥ | काभिः | kābhiḥ | con chi? |
| Dat. | केभ्यः | kebhyaḥ | केभ्यः | kebhyaḥ | काभ्यः | kābhyaḥ | a chi? |
| Abl. | केभ्यः | kebhyaḥ | केभ्यः | kebhyaḥ | काभ्यः | kābhyaḥ | da chi? |
| Gen. | केषाम् | keṣām | केषाम् | keṣām | कासाम् | kāsām | di chi? |
| Loc. | केषु | keṣu | केषु | keṣu | कासु | kāsu | in chi? |

## PRONOMI ED AGGETTIVI RELATIVI

Le forme del pronome relativo *yaḥ, yat, yā*, rispettivamente maschile, neutro e femminile sono declinate come il pronome interrogativo, eccetto che per i casi Nominativo e Accusativo del genere neutro.

**Singolare**

| | Maschile | | Neutro | | Femminile | | |
|---|---|---|---|---|---|---|---|
| Nom. | यः | yaḥ | यत् | yat | या | yā | il quale |
| Acc. | यम् | yam | यत् | yat | याम् | yām | il quale |
| Strum. | येन | yena | येन | yena | यया | yayā | con il quale |
| Dat. | यस्मै | yasmai | यस्मै | yasmai | यस्यै | yasyai | al quale |
| Abl. | यस्मात् | yasmāt | यस्मात् | yasmāt | यस्याः | yasyāḥ | dal quale |
| Gen. | यस्य | yasya | यस्य | yasya | यस्याः | yasyāḥ | del quale |
| Loc. | यस्मिन् | yasmin | यस्मिन् | yasmin | यस्याम् | yasyām | nel quale |

**Plurale**

| | Maschile | | Neutro | | Femminile | | |
|---|---|---|---|---|---|---|---|
| Nom. | ये | ye | यानि | yāni | याः | yāḥ | i/le quali |
| Acc. | यान् | yān | यानि | yāni | याः | yāḥ | i/le quali |
| Strum. | यैः | yaiḥ | यैः | yaiḥ | याभिः | yābhiḥ | con i/le quali |
| Dat. | येभ्यः | yebhyaḥ | येभ्यः | yebhyaḥ | याभ्यः | yābhyaḥ | ai/alle quali |
| Abl. | येभ्यः | yebhyaḥ | येभ्यः | yebhyaḥ | याभ्यः | yābhyaḥ | dai/dalle quali |
| Gen. | येषाम् | yeṣām | येषाम् | yeṣām | यासाम् | yāsām | dei/delle quali |
| Loc. | येषु | yeṣu | येषु | yeṣu | यासु | yāsu | nei/nelle quali |

Per l'uso di questi pronomi, consultare l'Appendice III.

## AFFISSI INDECLINABILI

Quando *cit*, *api* e *cana* vengono aggiunti alle varie forme dei casi dei pronomi o aggettivi interrogativi, danno a queste forme un significato indefinito. Così *kaścit*, *ko'pi* e *kaścana* significano "qualcuno" od anche hanno il valore dell'articolo indeterminativo "uno, una"
Lo stesso discorso va fatto anche per *kiñcit*, *kimapi* e *kiñcana* che significano "qualcosa" oppure hanno anch'essi il valore dell'articolo indeterminativo.
Quando questi suffissi vengono aggiunti, il senso indefinito viene trasportato attraverso tutti i casi. Dunque *kenacit*, significa "con qualcuno" oppure "con uno"
Invece i pronomi *saḥ*, *tat* e *sā*, in aggiunta al loro significato di pronome personale o dimostrativo, hanno pure il valore dell'articolo definito "il, la, gli, le, ecc." .

## CONGIUNZIONI

La congiunzione "e" è espressa con च ca, e viene messa dopo la seconda delle due parole che collega. Non si trova mai all'inizio di una frase.

पिता पुत्रश्च pitā putraśca Il padre ed il figlio.

La stessa regola si applica a वा vā, che significa "o":

पिता पुत्रो वा pitā putro vā Il padre o il figlio.

Ecco qualche altra parola da memorizzare per l'uso immediato:

| | | | | | |
|---|---|---|---|---|---|
| किन्तु | kintu | ma | अपि | api | anche |
| चेत् | cet | se | यदि | yadi | se |
| तर्हि | tarhi | allora | हि | hi | perché |
| परन्तु | parantu | ma, d'altra parte | | | |

La congiunzione इति iti significa "così" ed è spesso usata per riportare il discorso di qualcuno o per parlare di qualcosa di cui "si è detto o pensato":

रावणो रामेण जित इति मया श्रुतम्। rāvaṇo rāmeṇa jita iti mayā śrutam।

Rāvana fu vinto da Rāma, così fu udito da me/Ho udito che Rāma vinse Rāvana.

रावणो रामेण जित इति वदति वाल्मीकिः। rāvaṇo rāmeṇa jita iti vadati vālmīkiḥ।

Rāvana fu vinto da Rāma, così dice Vālmīki/ Vālmīki dice che Rāvana fu vinto da Rāma.

## ESERCIZIO XXXVII

Poiché il Saṁdhi è obbligatorio soltanto nella poesia e nei versi, mentre nella prosa e nel dialogo è opzionale, trascrivere le frasi seguenti senza di esso e poi tradurle in italiano:

कोऽयम्। अयं कुशः रामस्य पुत्रः। १।

कस्तस्य पिता। तस्य पिता रामोऽस्ति। २।

का तस्य माता। तस्य माता सीतास्ति। ३।

कस्माद्* गृहाद् जगाम। एतस्माद् गृहादारामस्य मध्ये जगाम। ४।

केन हस्तेन जलं वहति। ५।

कोऽयम्। सः मम पिता। ६।

किं तस्य नाम। तस्य नाम राम इति। ७।

किं तव नाम। मम नाम कृष्ण इति। ८।

कस्मात्तद् जलमद्य न पिबन्ति। ९।

कश्चित् पश्यति युष्मान्। १०।

के तेषु गृहेषु वसन्ति। ११।

एतद् वचनं केनापि ब्राह्मणेन श्रुतम्। १२।

तथा चौरात् पुस्तकानि बाणांश्च हस्तेन जहार। १३।

कस्तदा जहासेति वदतिगुरुः। १४।

अश्वः ससार किन्तुशृगालोऽपीदानी तिष्ठति। १५।

कस्मैचित् तेषाम्पुस्तकानि शिष्या यच्छन्ति। १६।

*kasmāt significa anche perché? per quale ragione?

## ESERCIZIO XXXVIII

Tradurre in sanscrito nelle due forme, con e senza l'applicazione delle regole del Saṁdhi. Ai fini di una corretta assimilazione sarà bene attenersi a questa modalità di svolgimento anche per gli esercizi che seguiranno.

1 Allora egli abitò in un giardino, ma adesso vaga per la spiaggia del mare.

2 Suo (di lei) figlio vide lo sciacallo o il cervo nei boschi.

3 La ragazza e i suoi anziani padre e madre sono qui.

4 L'amato insegnante disse al suo discepolo che il cibo era inadatto.

5 Quest'uomo servirà anche gli dei e i devoti.
6 Da chi fu udito il discorso del Brahmano?
7 Chi ti vede?
8 Il Re gli diede del denaro.
9 Nostro padre diede questo libro a qualcuno.

1 Fare una tabella che illustri le Regole del Saṁdhi implicate nell'incontro delle vocali lunghe e brevi tra loro e con i dittonghi.

2 Fare una tabella che illustri le Regole del Saṁdhi implicate nell'incontro dei dittonghi tra loro e con le vocali lunghe e brevi.

3 Definire i Composti Karmadharaya e il loro uso nelle frasi.

4 Definire i Composti Tatpuruṣa e il loro uso nelle frasi.

5 Declinare in tutti i casi, singolare e plurale, la definizione "giardino variegato (Non trasformarlo nel Composto Karmadharaya).

6 Fare lo stesso con le definizioni "casa vuota" e "bella ghirlanda".

7 Fare la tabella dei sostituti guṇa e vṛddhi.

8 Quale uso speciale hanno gli aggettivi all'accusativo neutro singolare?

9 Quale significato si ottiene anteponendo *a* quale prefisso ad un aggettivo? Fare degli esempi con delle frasi.

10 Qual'è l'uso di *ca* e *vā*? Fare degli esempi del loro uso con alcune frasi.

11 Come si esprime in sanscrito il discorso diretto? Fare qualche frase d'esempio.

12 Scrivere le declinazioni complete, singolare e plurale, dei pronomi e degli aggettivi indefiniti.

13 Scrivere le declinazioni, nei casi studiati, singolare e plurale, dei pronomi e degli aggettivi relativi e spiegarne l'uso con esempi.

## ESERCIZIO DI REVISIONE III

कस्मिन् गृहे युष्माकं कुलं जीवति । १ ।

तस्मिन् गृहे समुद्रस्य समीपेऽस्माकं कुलं जीवति । २ ।

ते बालाः पुष्पेभ्यः आरामं व्रजन्ति । ३ ।

मम दुहिता साधुपतेर्गृहं कदाचिद् गच्छति । ४ ।

अत्र काचिद्वीणास्ति । ५ ।

मम वीणा तव गृहेऽस्ति । ६ ।

गुरो (caso vocativo) कुत्र मम पुस्तकम् । ७ ।

शिष्य (caso vocativo) तव पुस्तकमिहास्ति । ८ ।

इदं कस्य पुस्तकम् । तद् रामस्य पुस्तकम् । ९ ।

अस्मिन् ग्रामे बहवो नरा जीवन्ति । १० ।

अयम् वृक्षः फलति। ११।

इदं पुष्पं नीलोत्पलमस्ति। १२।

तत् पत्रमेतस्माद् वृक्षादकस्मात् पपात। १३।

इमे नराः सर्वदा  स्थिराः। १४।

इमा मालाः पुनर्नीला रक्ताश्च। १५।

इमानि फलानि तस्माद् वृक्षात् पतन्ति। १६।

ते बालास्तद् जलं तेषाम्पित्रे वहन्ति। १७।

स रथोऽस्माकं फलानि तव ग्रामे कदाचिद्वहति। १८।

## LEZIONE XXII

### VOCE MEDIA

La Voce Media implica un'azione fatta per sé stessi. La terza persona singolare e plurale del Presente Medio finiscono in *e* invece che in *i*. Così avremo पचते *pacate* o पचन्ते *pacante* per dire che "egli cucina per sé stesso" o che "essi cucinano per loro stessi".
La maggior parte dei verbi può essere usata sia nella Voce Media sia in quella Attiva, come, ad esempio, वदति *vadati* – egli parla, o वदते *vadate* – egli parla per sé stesso. Comunque ci sono alcuni verbi chiamati Verbi Deponenti Medi, i quali prendono la desinenza della Voce Media ma ne mettono da parte il significato, assumendo un significato attivo. Così, ad esempio, सेवते *sevate*, dalla radice verbale *sev*, significa "egli serve".
Le desinenze attive dei verbi sono chiamate *parasmaipada,* che significa "azione per un altro", dato che l'azione viene trasmessa dal soggetto della frase.
Le desinenze medie dei verbi sono invece chiamate *ātmanepada*, che significa "azione per sé stessi, dato che il soggetto della frase agisce su di sé.
La lista che segue presenta alcuni Verbi Medi Deponenti appartenenti alla 1ª coniugazione:

| | | | | | |
|---|---|---|---|---|---|
| यत् | yat | diventa | यतते | yatate | si sforza |
| रम् | ram | " | रमते | ramate | gioca |
| लोच् | loc | " | लोचते | locate | vede |
| वृत् | vṛt | " | वर्तते | vartate | è |
| शुभ् | śubh | " | शोभते | śobhate | splende |
| सह् | sah | " | सहते | sahate | sopporta |
| सेव् | sev | " | सेवते | sevate | serve |
| स्मि | smi | " | स्मयते | smayate | sorride |

### VOCE PASSIVA

La Voce Passiva è usata quando qualcuno o qualcosa agisce sul soggetto. Dunque नरेण फलं पच्यते nareṇa phalaṁ pacyate "il frutto è cucinato dall'uomo". La voce passiva si forma aggiungendo य *ya* alla radice o ad una forma modificata della stessa e di seguito le desinenze ātmanepada, cioè "*te*" per la terza persona singolare e "*nte*"per quella plurale.:

**Singolare**

| | | |
|---|---|---|
| ATTIVO | naro'nnaṁ pacati | l'uomo cucina il cibo |
| MEDIO | naro'nnaṁ pacate | l'uomo cucina il cibo per sé stesso |
| PASSIVO | annaṁ nareṇa pacyate | il cibo è cucinato dall'uomo |

**Plurale**

| | | |
|---|---|---|
| ATTIVO | narā annaṁ pacanti | gli uomini cucinano il cibo |
| MEDIO | narā annaṁ pacante | gli uomini cucinano il cibo per loro stessi |
| PASSIVO | annaṁ naraiḥ pacyate | il cibo è cucinato dagli uomini |
| | annāni naraiḥ pacyante | i cibi sono cucinati dagli uomini |

A seguire ci sono alcune forme Passive Irregolari dei verbi che modificano le loro radici prima dell'aggiunta di *ya* e delle desinenze medie.

| | | | | |
|---|---|---|---|---|
| खन् | khan | खायते | khāyate | è scavato |
| जि | ji | जीयते | jīyate | è vinto |
| तृ | tṛ | तीर्यते | tīryate | è attraversato |
| पा | pā | पीयते | pīyate | è bevuto |
| स्था | sthā | स्थीयते | sthīyate | è in piedi |
| वद् | vad | उद्यते | udyate | è parlato |
| श्रु | śru | श्रूयते | śrūyate | è udito |
| स्मृ | smṛ | स्मर्यते | smaryate | è ricordato |
| वह् | vah | उह्यते | uhyate | è portato |

## RENDERE INTERROGATIVA UNA FRASE

किंचित् kiñcit o कच्चित् kaccit in una frase implicano qualche speranza espressa da colui che parla ed è interrogativa nella forma, con l'aspettativa di un "sì" oppure un "no" quale risposta, in accordo alla forma della domanda:

फलानि सुन्दरानि कच्चित्। phalāni sundarāni kaccit ? Sono belli i frutti ? (Così spero)

कच्चिन्न फलानि पुराणानि। kaccinna phalāni purāṇāni ? Non saranno vecchi i frutti? (Spero di no)

किमु kimu è usato come interrogativo per denotare incertezza:

किमु फलानि पुराणानि किमु नवानि। kimu phalāni purāṇāni kimu navāni? I frutti sono vecchi o freschi (nuovi)?

## ESERCIZIO XXXIX

पिता पुत्रेण त्यक्तो दुःखं सहते। १।

राजा कवेर्वचनं श्रुत्वा स्मयते। २।

तव पुस्तकं कुत्र वर्तते। ३।

कन्या सरस्तीरे स्थित्वा
नीलोत्पलं लोचते। ४।

सरस्तीरे स्थित्वा नीलोत्पल
पुत्रेण लोच्यते। ५।

शास्त्रं वृद्धब्राह्मणेन सर्वदा स्मर्यते। ६।

गृहं पुत्रेण पुनर्गम्यते। ७।

एष शिष्यो धर्मं यतते। ८।

अग्निना वृक्षः पर्वते दह्यते। ९।

## ESERCIZIO XL

1 Il corvo è visto dallo sciacallo.

2 Il padre è abbandonato dal figlio.

3 L'offerta è bruciata dal fuoco.

4 Il cibo è cucinato dall'uomo.

5 Il cervo gioca nella foresta.

6 Il Brahmano sopporta il dolore.

7 Egli vede i corvi sull'albero.

8 Il Re risplende nell'assemblea.

9 E' adatto quest'uomo o questo ragazzo?

## LEZIONE XXIII

### CONIUGAZIONE DI *AS*-essere

La maggior parte dei verbi trattati nelle precedenti lezioni appartiene alla cosiddetta Prima Coniugazione. I verbi sanscriti sono divisi in dieci classi, che sono suddivise in due serie, *tematica* ed *atematica*, chiamate, per convenienza, il *gruppo con a o A1* e il *gruppo Non-A*. All'interno di ciascuno di questi gruppi ci sono ulteriori suddivisioni, che dipendono dai metodi caratteristici di formare le radici mediante le quali poi si forma il loro tempo presente.
La Coniugazione N. 1 è la prima classe sotto il *gruppo con a*, ed è caratterizzata dall'aggiunta della *a* alla radice e dall'uso del rafforzamento guṇa. Il verbo successivo da considerare è *as*, essere, che appartiene alla prima classe e si trova nel *gruppo Non-A*.
Come detto, *as* non aggiunge la *a* alla radice. Così, la terza persona singolare è *asti*, (egli) è. Ecco di seguito le sue forme principali, poiché la coniugazione completa viene data nell'Appendice II.

Presente

| Singolare | | | Plurale | | |
|---|---|---|---|---|---|
| अस्ति | asti | (egli) è | सन्ति | santi | (essi) sono |

Imperfetto*

| Singolare | | | Plurale | | |
|---|---|---|---|---|---|
| आसीत् | āsīt | (egli) era | आसन् | āsan | (essi) erano |

*L'Imperfetto è caratterizzato dalla sillaba *a* posta come prefisso alla radice del presente e poi dall'aggiunta delle desinenze del tempo stesso. Si noti che il prefisso menzionato, anteponendosi al verbo "*as* - essere", ha prodotto, a causa della regola del Saṁdhi, la modifica della sillaba iniziale trasformando la *a* in *ā*.

Imperativo

| Singolare | | | Plurale | | |
|---|---|---|---|---|---|
| अस्तु | astu | che (egli) sia | सन्तु | santu | che siano |

Potenziale (o Ottativo)*

| Singolare | | | Plurale | | |
|---|---|---|---|---|---|
| स्यात् | syāt | che fosse | स्युः | syuḥ | che fossero |

*L'Ottativo può avere valore ipotetico, di esortazione, di proibizione, di augurio o di desiderio, di dubbio, di potenzialità. Può venir reso con il nostro congiuntivo.

## ESERCIZIO XLI

Tradurre in italiano:

कुत्र सन्ति मम पुस्तकानि । १ ।

आसीत् तस्मिन् वने कश्चन शृगालः । २ ।

यदि तथा स्यात् तर्हि पिता व्याकुलो भविष्यति । ३ ।

तस्य वचनं श्रुत्वा कथं व्याकुलाः स्युः । ४ ।

आसन् ग्रामे पर्वते पिता माता च दुहिता च । ५ ।

भक्तो वने साधुरस्ति । ६ ।

मालिकस्य दुहितासीत् समुद्रे । ७ ।

यदा मृगो दृष्टस्त्वया तदा विस्मितोऽस्ति । ८ ।

## ESERCIZIO XLII

Tradurre in sanscrito:

1 In quel bosco c'è un certo albero.

2 Tuo padre non è in casa.

3 C'era acqua ovunque.

4 Che sia così, disse il Brahmano.

5 Il figlio non dovrebbe essere perplesso.

6 Nel villaggio vuoto c'era un vecchio sciacallo.

7 Che i cavalli siano belli.

8 Il giardino è lontano.

9 I precettori dovrebbero essere buoni uomini.

10 Egli dice che ciò è adatto.

11 Quell'uomo disse che ciò è inadatto.

12 Avendo visto il cervo affondato nel fango, lo sciacallo rise.

# LEZIONE XXIV

## ALTRE CONIUGAZIONI DELLA CLASSE A-1

La maggior parte dei verbi usati nelle lezioni precedenti (eccetto il verbo *as* - essere) appartengono alla classe A-1 o prima coniugazione, chiamata anche Classe 1.
Ci sono altre suddivisioni della classe A:
A-2 o sesta coniugazione chiamata anche Classe 6;
A-3 o quarta coniugazione chiamata anche Classe 4;
A-4 o decima coniugazione chiamata anche Classe 10.
La Classe A-2 differisce dalla A-1 soltanto per il fatto che l'usuale sostituto guṇa non è usato. Per esempio स्पृश् *spṛś* toccare non si trasforma, nel fare il presente, in *sparśati,* bensì rimane immutato: *spṛśati*. Ecco altri verbi di questa Classe:

| | | | | | |
|---|---|---|---|---|---|
| क्षिप् | kṣip | diventa | क्षिपति | kṣipati | egli/ella lancia |
| इष् | iṣ | " | इच्छति | icchati | desidera |
| प्रच्छ् | pracch | " | पृच्छति | pṛcchati | chiede |

Un Verbo Medio Deponente di questa classe è:

| | | | | | |
|---|---|---|---|---|---|
| मृ | mṛ | diventa | म्रियते | mriyate | muore |

La Classe A-3 della quarta coniugazione, chiamata anche Classe 4, aggiunge *ya* alla radice per formare la "radice" del presente:

| | | | | | |
|---|---|---|---|---|---|
| तृप् | tṛp | diventa | तृप्यति | tṛpyati | soddisfa |
| नश् | naś | " | नश्यति | naśyati | perisce |

Forme Deponenti Medie di questa classe sono:

| | | | | | |
|---|---|---|---|---|---|
| जन् | jan | diventa | जायते | jāyate | è nato |
| पद् | pad | " | पद्यते | padyate | và |
| युध् | yudh | " | युध्यते | yudhyate | combatte |
| विद् | vid | diventa | विद्यते | vidyate | esiste |

La Classe A-4 della decima coniugazione, chiamata anche Classe 10, aggiunge *aya* alla radice per formare la "radice" del presente:

| | | | | | |
|---|---|---|---|---|---|
| कथ् | kath | diventa | कथयति | kathayati | dice |

| | | | | | |
|---|---|---|---|---|---|
| चिन्त् | cint | " | चिन्तयति | cintayati | pensa |
| मन्त्र् | mantr | " | मन्त्रयति | mantrayati | consiglia |

La radice passiva di tutti i verbi delle Classi A-2, A-3 ed A-4 è formata come nei verbi della Classe A-1:
kṣipyate "è lanciato"; iṣyate "è desiderato" Per tutte le forme vedere la Tabella delle Fome Verbali nell'Appendice II.

## ESERCIZIO XLIII

कुत्र जायन्ते नीलोत्पलानि । १ ।

फलं क्षिप्त्वा गच्छति । २ ।

कथं न कथयिष्यति । ३ ।

एवं चिन्तयित्वा वदति । ४ ।

यदा शिष्यः पृच्छति तदा गुरुर्वदति । ५ ।

ब्राह्मणा धनैस्तृप्यन्ति । ६ ।

आरामात् फलानि पुष्पाणि च पान्थ इच्छति । ७ ।

उत्पलं जले विद्यते । ८ ।

देवा धर्मेण जीवन्तीति कवयो वदन्ति । ९ ।

यदा पान्थं पश्यति व्याघ्रस्तदा वनम्पद्यते । १० ।

शुक्लाः काका न विद्यन्ते कुत्रचित् । ११ ।

कोऽस्त्ययं नरः । १२ ।

उत्पलानि तत्र जातानि नीलानि न सन्ति परन्तु शुक्लानि । १३ ।

पातकस्य कर्त्ता दुःखेन नश्यति । १४ ।

## ESERCIZIO XLIV

1 Rāvana combatte con Rāma (spinto) dalla grande collera.

2 Avendo visto l'oceano, (egli) và alla montagna.

3 Avendo bevuto l'acqua, và per (fare) il sacrificio.

4 Così (egli) vagò e dimorò lì.

5 Il padre, avendo visto il figlio, sorride.

6 Ovunque e sempre i discepoli servono i loro precettori.

7 Sopportano grande dolore.

8 Il Brahmano, abbandonato dalla conoscenza, non risplende nell'assemblea.

9 Il peccato è prodotto dalla collera.

10 La scimmia gioca nel giardino, nel bosco e sulla sponda dello stagno.

11 Dicono che il viaggiatore morirà.

12 Perché i ragazzi lanciano le ghirlande?

13 Avendo consigliato il devoto, il precettore và al villaggio.

## LEZIONE XXV

### CONIUGAZIONI DEI VERBI DELLA CLASSE *NON-A*

I verbi di questa classe aggiungono le desinenze direttamente alla radice o a qualche forma modificata della stessa. Il verbo *as* – essere, appartiene ad essa, cioè alla Classe Non-A1 o Classe 2. Questa classe di verbi ha una radice debole ed una forte. La radice forte è usata nella 3a persona singolare, la radice debole è usata nella 3a persona plurale. Qui vengono date ambedue le forme. Maggiori dettagli saranno affrontati in un capitolo successivo. Altri verbi di questa classe sono:

| | | | | | | | |
|---|---|---|---|---|---|---|---|
| ब्रू | brū | parlare | diventa | ब्रवीति<br>ब्रूते | bravīti<br>brūte | ब्रुवन्ति | bruvanti |
| वच् | vac | parlare | " | वक्ति | vakti | | |
| या | yā | andare | " | याति | yāti | यान्ति | yānti |
| स्ना | snā | fare il bagno | " | स्नाति | snāti | स्नान्ति | snānti |
| हन् | han | uccidere | " | हन्ति | hanti | घ्नन्ति | ghnanti |

I verbi della classe Non A-2 o Classe 3 sono caratterizzati dal raddoppio della sillaba della radice. Così:

| | | | | | | | |
|---|---|---|---|---|---|---|---|
| दा | dā | dare | diventa | ददाति | dadāti | ददति | dadati |

I verbi della classe Non-A3 o Classe 7 sono caratterizzati dall'inserimento di una nasale (*na*) prima della consonante finale della radice per formare la parte invariabile del presente:

| | | | | | | | |
|---|---|---|---|---|---|---|---|
| भिद् | rompere | bhid | diventa | भिनत्ति | bhinatti | भिन्दन्ति | bhindanti |
| हिन्स् | ferire | hins | " | हिनस्ति | hinasti | हिंसन्ति | hiṁsanti |

I verbi della classe Non-A4 o Classe 5 aggiungono alla radice le sillaba *nu* e *no* in questo modo:

| | | | | | | | |
|---|---|---|---|---|---|---|---|
| आप् | āp | ottenere | diventa | आप्नोति | āpnoti | आप्नुवन्ति | āpnuvanti |
| शक् | śak | potere | diventa | शक्नोति | śaknoti | शक्नुवन्ति | śaknuvanti |

I verbi della classe Non-A5 o Classe 9 aggiungono *nā* alla radice. Alcuni verbi di questa classe sono molto irregolari:

| | | | | | | | |
|---|---|---|---|---|---|---|---|
| ग्रह् | grah | prendere | diventa | गृह्णाति | gṛhṇāti | गृह्णन्ति | gṛhṇanti |

| | | | | | | | |
|---|---|---|---|---|---|---|---|
| ज्ञा | jñā | conoscere | " | जानाति | jānāti | जानन्ति | jānanti |

I verbi della classe Non-A6 o Classe 8 aggiungono *u* od *o* alla radice:

| | | | | | | | |
|---|---|---|---|---|---|---|---|
| तन् | tan | estendere | diventa | तनोति | tanoti | तन्वन्ति | tanvanti |
| कृ | kṛ | fare | " | करोति | karoti | कुर्वन्ति | kurvanti |

La Forma Passiva di tutti i verbi del Gruppo Non-A è formata come nel gruppo A1, cioè si aggiunge *ya* alla radice o ad una forma modificata della stessa e poi si coniuga come una radice del gruppo A. (Si veda l'Appendice II per tutte le forme verbali).

ESERCIZIO XLV

रामो व्याघ्रम् हन्ति । १ ।

आरामः सुन्दर इति कन्या ब्रूते ।२ ।

पिता पुत्रं गृहीत्वा गृहं गच्छति । ३ ।

सुन्दरां कन्यां हिंसित्वा पतिः शोचति । ४ ।

एवं ज्ञात्वा समुद्रतीरं गच्छति । ५ ।

फलं गृहीत्वा ग्रामं गच्छति । ६ ।

कुत्र याति । ७ ।

कदा स्नास्यति । ८ ।

यदाल्पं चक्रं केनापि भिद्यते तदा नवं चक्रं बालः करोति । ९ ।

ESERCIZIO XLVI

1 Se il discepolo chiederà, allora otterrà; altrimenti (se no), non otterrà.

2 Talvolta egli parla impropriamente.

3 La bella ragazza si bagna nell'oceano.

4 Rāma spezza velocemente la freccia con le (due) mani.

5 Egli stende la ghirlanda sul suolo.

6 Il dio conosce le scritture.

7 Gli uomini buoni ottengono velocemente la prosperità.

8 Il devoto non ferisce nessuno.

## REVISIONE IV

**Revisione delle Forme Verbali.** I verbi considerati sino ad ora sono illustrati dal seguente profilo:

Forme che rappresentano i tempi basati sulla radice del presente:
1. 3a persona singolare, presente: पतति patati
2. 3a persona singolare, futuro: पतिष्यति patiṣyati
3. 3a persona singolare, presente medio पचते pacate
4. 3a persona singolare, presente passivo पच्यते pacyate
5. 3a persona singolare, imperfetto अपतत् apatat

Forme che rappresentano i tempi basati sulla radice del perfetto:
1. 3a persona singolare, perfetto पपात papāta

Participi:
1. Participio passato passivo: पतित patita
2. Participio congiunto (Gerundio): पतित्वा patitvā

### ESERCIZIO DI REVISIONE IV

गुरवः शिष्यानां धर्मं कथयन्ति । १ ।

विद्यायाः सर्वदा सुखं जायते । २ ।

कन्याधुना जले रमते । ३ ।

जले बालैः पिता रमते । ४ ।

कुत्र रथचक्रमिति पान्थो ब्राह्मणम्पृच्छति । ५ ।

तारा सुन्दरं शोभते । ६ ।

प्रियगुरुं साधुशिष्यः सेवते । ७ ।

पुनर्बहुदुःखं सहसे । ८ ।

तस्य शत्रुभिर्नरो युध्यते । ९ ।

## LEZIONE XXVI

COMPOSTI DVANDVA. Due o più parole normalmente collegate dalla congiunzione "e" possono essere scritte come un composto, evitando l'uso della congiunzione. Se le parole nel composto sono soltanto due, questo prende la desinenza del duale (ad es. nominativo maschile "au"). Se le parole sono più di due, allora si usa la desinenza del plurale.
Esempi:

रामलक्ष्मणौ rāmalakṣmaṇau Rāma e Lakṣmaṇa da rāmaḥ + lakṣmaṇaḥ

Questa frase, con le parole non riunite mediante il composto, può essere scritta anche così:

रामो लक्ष्मणश्च rāmo lakṣmaṇaśca

Dopo il duale, ecco di seguito un esempio con il plurale:

ब्राह्मणक्षत्रियवैश्यशुद्राः brāhmaṇakṣatriyavaiśyaśudrāḥ

Il Brahmano, lo kshatriya, il vaishya e lo shudra.

Questi composti devono, naturalmente, essere usati con la corrispondente forma verbale, duale o plurale. La desinenza della 3a persona duale del presente è -taḥ (si veda l'Appendice II).

Esempio:

रामलक्ष्मणौ वने वसतः rāmalakṣmaṇau vane vasataḥ Rāma e Laksmaṇa abitano nel bosco.

COMPOSTI BAHUVRIHI. Questi composti si formano quando le parole vengono messe assieme per formare un epiteto. Generalmente la prima parola del composto qualifica od esprime ciò che è posseduto dal secondo elemento del composto. Questo composto diventa allora attributivo di qualche altra parola nella frase, dunque viene trattato come un aggettivo.
Per esempio in पाटलिपुत्रनामधेय pāṭaliputranāmadheya "il cui nome è Pāṭaliputra" धेय dheya è un sostantivo neutro il cui significato è "che dà, che impartisce" dunque नामधेय nāmadheya significa letteralmente "che dà il nome". पाटलिपुत्र pāṭaliputra è invece il nome della città. Tale composto, come un aggettivo, deve accordarsi in genere, numero e caso con il nome dal quale dipende:
पाटलिपुत्रनामधेयं नगरम् pāṭaliputranāmadheyaṁ nagaram una città chiamata Pāṭaliputra.
Ci sono anche forme quali: कुशहस्तः kuśahastaḥ che significa "con erba kuśa nella mano". Questo composto è allora usato come aggettivo: कुशहस्तो नरः *kuśahasto naraḥ* al nominativo e कुशहस्तं नरम् *kuśahastaṁ naram* all'accusativo "un uomo con l'erba kuśa in mano".

**Regole del Saṁdhi.**
Una consonante *dura* che precede una *soffice* si cambia nella *soffice* della stessa classe e *viceversa.*
ESEMPIO: महत् भय mahat bhaya diventa महद्भय mahadbhaya "grande paura".

Una consonante dentale dura davanti ad una palatale o ad una cerebrale si cambia in una lettera corrispondente.

ESEMPIO: तत् च tat ca diventa तच्च tacca "e quello".
Le lettere *t* e *ś* incontrandosi diventano cch.
ESEMPIO: तत् श्रुत्वा *tat śrutvā* diventa तच्छ्रुत्वा *tacchrutvā* "avendo udito ciò".

## ESERCIZIO XLVII

काकशृगालौ वसतोऽरण्ये । १ ।

तच्छ्रुत्वा मृगशृगालौ ग्रामादरण्यं चरतः । २ ।

शून्यगृहग्रामो नास्ति दूरः । ३ ।

अस्ति महाधर्मनर इति वदति । ४ ।

मातृप्रियबालः पितृप्रियकन्या च भवतोऽत्र । ५ ।

कस्त्वमसीति साधुगुरुः शिष्यं पृच्छति । ६ ।

पान्थमस्तकं रावणो हिनस्ति । ७ ।

हस्तकृतचक्रं कुलाय भक्तो ददौ । ८ ।

## ESERCIZIO XLVIII

1 I due figli vanno alla riva del mare.

2 Avendo udito ciò, il cervo abbandona la foresta.

3 C'è, sulla sponda del Gange, una città chiamata Kashi.

4 Perché il precettore e il discepolo vanno di nuovo in giardino?

5 Quando il serpente, il topo e il cavallo abiteranno in un unico luogo?

6 Gli uomini comprensivi sono infiniti.

7 Un ragazzo di buona famiglia è qui.

8 Egli conobbe un insegnante con buone qualità.

## FORMA DUALE DEI VERBI

La forma Attiva della 3a persona duale dei verbi A1 è *ataḥ*; così avremo पचतः pacataḥ per "loro due cucinano".
La forma Media duale , usata anche per i verbi Deponenti Medi è *ete*; così *yatete* per "loro due si sforzano".
Anche per il Presente e il Futuro passivi la desinenza è *ete*: स्मर्येते smaryete "ambedue sono ricordati" e स्मरिष्येते smariṣyete "ambedue saranno ricordati".
La desinenza duale della 3a persona singolare del Presente dei verbi Non-A viene aggiunta alla radice debole dei verbi stessi. Così, la desinenza duale *taḥ* si aggiunge come di seguito illustrato:
brūtaḥ, vaktaḥ, yātaḥ, snātaḥ, hataḥ, dattaḥ, hinstaḥ, āpnutaḥ, śaknutaḥ, gṛhnītaḥ, jānītaḥ, tanutaḥ, kurutaḥ, "loro due parlano, ecc.".

## LEZIONE XXVII

### DESINENZE STANDARD DELLE DECLINAZIONI E DELLE CONIUGAZIONI

Lo schema normale delle desinenze dei casi, come accettato dai grammatici nativi Indù, è come segue:

| | Singolare | | | Duale | | | Plurale | | |
|---|---|---|---|---|---|---|---|---|---|
| | m. | f. | n. | m. | f. | n. | m. | f. | n. |
| Nom. | ḥ | ḥ | -- | au | au | i | aḥ | aḥ | i |
| Acc. | am | am | -- | au | au | i | aḥ | aḥ | i |
| Strum. | | ā | | | bhyām | | | bhiḥ | |
| Dat. | | e | | | bhyām | | | bhyaḥ | |
| Abl. | | aḥ | | | bhyām | | | bhyaḥ | |
| Gen. | | aḥ | | | oḥ | | | ām | |
| Loc. | | i | | | oḥ | | | su | |

(Per comodità di riferimento, questo schema viene ripetuto nell'Appendice I).
Il vocativo è considerato come una variante del nominativo. Duale significa "due" e Plurale "più di due".
Queste desinenze sono applicate senza mutamento alle terminazioni in consonante maschile e femminile, ma spesso la forma cruda del nome sottostà a qualche cambiamento prima dell'aggiunta della desinenza.
Nell'applicare queste desinenze bisogna tenere a mente le regole della combinazione delle vocali e delle consonanti. Ad esempio nel declinare la parola *nau* che significa "nave", la sillaba *au* seguita da vocale diventa *āv*. La "*t*" davanti a "*bh*" diventa "*d*", la "*k*" diventa "*g*", ecc. In altre parole una consonante dura si trasforma nella consonantre soffice della stessa classe di quella da cui è seguita. In quanto a "*s*" e "*r*", nella posizione finale di una frase o di una parola singola senza seguito, si cambiano sempre in *visarga*. Così *manas* diventa *manaḥ*.

### Regole interne del Saṁdhi - da "s" a "ṣ"

Nell'aggiungere le desinenze alle parole si noti che una "*s*" si trasforma in "ṣ" se immediatamente *preceduta* da qualsiasi vocale eccetto "*a*" od "*ā*", e se preceduta da "*k*" o "*r*", a meno che la "*s*" non sia finale o *seguita* da "*r*".

| | | | | |
|---|---|---|---|---|
| nau | più | su | diventa | nauṣu |
| gir | " | su | " | gīrṣu |
| saḥ | preceduto da | e | " | eṣaḥ (questo) |

Per le regole delle Finali Permesse si veda il Gruppo X nella lista delle Regole del Saṁdhi nell'Appendice IV. I nomi terminanti nella loro forma cruda o lessicale in qualsiasi di queste finali *non permesse* seguiranno le regole esposte in questa sezione per formare il caso nominativo. Così "*vāc*", voce, al nominativo diventa " *vāk*".

Seguono le declinazioni di दिश् diś, fem., direzione; गिर् gir, fem., parola; e जगत् jagat, neutro, mondo.

| | दिश् - diś - direzione | | गिर् - gir – parola | | जगत् - jagat - mondo | |
|---|---|---|---|---|---|---|
| | | | Singolare | | | |
| Nom. | दिक् | dik | गीः | gīḥ | जगत् | jagat |
| Voc. | दिक् | dik | गीः | gīḥ | जगत् | jagat |
| Acc. | दिशम् | diśam | गिरम् | giram | जगत् | jagat |
| Strum. | दिशा | diśā | गिरा | girā | जगता | jagatā |
| Dat. | दिशे | diśe | गिरे | gire | जगते | jagate |
| Abl. | दिशः | diśaḥ | गिरः | giraḥ | जगतः | jagataḥ |
| Gen. | दिशः | diśaḥ | गिरः | giraḥ | जगतः | jagataḥ |
| Loc. | दिशि | diśi | गिरि | giri | जगति | jagati |
| | | | Duale | | | |
| Nom. | दिशौ | diśau | गिरौ | girau | जगती | jagatī |
| Voc. | दिशौ | diśau | गिरौ | girau | जगती | jagatī |
| Acc. | दिशौ | diśau | गिरौ | girau | जगती | jagatī |
| Strum. | दिग्भ्याम् | digbhyām | गीर्भ्याम् | gīrbhyām | जगद्भ्याम् | jagadbhyām |
| Dat. | दिग्भ्याम् | digbhyām | गीर्भ्याम् | gīrbhyām | जगद्भ्याम् | jagadbhyām |
| Abl. | दिग्भ्याम् | digbhyām | गीर्भ्याम् | gīrbhyām | जगद्भ्याम् | jagadbhyām |
| Gen. | दिशोः | diśoḥ | गिरोः | giroḥ | जगतोः | jagatoḥ |
| Loc. | दिशोः | diśoḥ | गिरोः | giroḥ | जगतोः | jagatoḥ |
| | | | Plurale | | | |
| Nom. | दिशः | diśaḥ | गिरः | giraḥ | जगन्ति | jaganti |
| Voc. | दिशः | diśaḥ | गिरः | giraḥ | जगन्ति | jaganti |

| | | | | | | |
|---|---|---|---|---|---|---|
| Acc. | दिशः | diśaḥ | गिरः | giraḥ | जगन्ति | jaganti |
| Strum. | दिग्भिः | digbhiḥ | गीर्भिः | gīrbhiḥ | जगद्भिः | jagadbhiḥ |
| Dat. | दिग्भ्यः | digbhyaḥ | गीर्भ्यः | gīrbhyaḥ | जगद्भ्यः | jagadbhyaḥ |
| Abl. | दिग्भ्यः | digbhyaḥ | गीर्भ्यः | gīrbhyaḥ | जगद्भ्यः | jagadbhyaḥ |
| Gen. | दिशाम् | diśām | गिराम् | girām | जगताम् | jagatām |
| Loc. | दिक्षु | dikṣu | गीर्षु | gīrṣu | जगत्सु | jagatsu |

Studiare ed imparare le declinazioni di *nau*, nave; *go*, mucca; *marut*, vento; *vāc*, voce; *rājan*, re; *ātman*, Sé; *nāman*, nome; *hastin*, elefante, e notare come seguono il modello della declinazione. La forma del nominativo è spesso irregolare. Queste declinazioni sono date per intero nell'Appendice I.

Poi studiare ed imparare le declinazioni dei nomi ad una sillaba come *śrī*, fortuna e *bhū*, terra (vedere l'Appendice I).

Poi studiare ed imparare le forme femminile e neutro delle radici in *i*, *u*, *ī* ed *ū* (Appendice I).Notare la similarità con le desinenze modello.

Come per i nomi, nei casi summenzionati esiste pure un sistema standard di desinenze verbali suddivise in Primarie, Secondarie e desinenze del Perfetto o Passato Remoto e dell'Imperativo. (Appendice II).

DESINENZE PRIMARIE: usate per il Tempo Presente.

| | Parasmaipada - Attivo | | | Atmanepada - Passivo | | |
|---|---|---|---|---|---|---|
| | Sing. | Duale | Plur. | Sing. | Duale | Plur. |
| 1. | mi | vaḥ | maḥ | e | vahe | mahe |
| 2. | si | thaḥ | tha | se | (e) āthe | dhve |
| 3. | ti | taḥ | anti, te | te | (e) āte | ante, ate |

DESINENZE SECONDARIE: usate per il Tempo Imperfetto. (Prefisso *a*)

| | Parasmaipada - Attivo | | | Atmanepada - Passivo | | |
|---|---|---|---|---|---|---|
| | Sing. | Duale | Plur. | Sing. | Duale | Plur. |
| 1. | am | va | ma | i, a | vahi | mahi |
| 2. | ḥ | tam | ta | thāḥ | (e) āthām | dhvam |
| 3. | t | tām | an, uḥ | ta | (e) ātām | anta, ata, ran |

Applicando queste desinenze al verbo *vad*, parlare, abbiamo:

### Tempo Presente Attivo

| Singolare | | Duale | | Plurale | |
|---|---|---|---|---|---|
| वदामि | vadāmi | वदावः | vadāvaḥ | वदामः | vadāmaḥ |
| वदसि | vadasi | वदथः | vadathaḥ | वदथ | vadatha |
| वदति | vadati | वदतः | vadataḥ | वदन्ति | vadanti |

Notare che la *a* breve prima delle desinenze *ma* o *va* diventa *ā* lunga.

### Tempo Presente Medio

| Singolare | | Duale | | Plurale | |
|---|---|---|---|---|---|
| वदे | vade | वदावहे | vadāvahe | वदामहे | vadāmahe |
| वदसे | vadase | वदेथे | vadethe | वदध्वे | vadadhve |
| वदते | vadate | वदेते | vadete | वदन्ते | vadante |

Notare che nella seconda e terza persona duale dei verbi del gruppo A è usata la terminazione "e" prima della desinenza.

### Imperfetto Attivo

| Singolare | | Duale | | Plurale | |
|---|---|---|---|---|---|
| अवदम् | avadam | अवदाव | avadāva | अवदाम | avadāma |
| अवदः | avadaḥ | अवदतम् | avadatam | अवदत | avadata |
| अवदत् | avadat | अवदताम् | avadatām | अवदन् | avadan |

Notare che nell'imperfetto alla radice viene aggiunta una *a* quale prefisso.

### Imperfetto Medio

| Singolare | | Duale | | Plurale | |
|---|---|---|---|---|---|
| अवदे | avade | अवदावहि | avadāvahi | अवदामहि | avadāmahi |
| अवदथाः | avadathāḥ | अवदेथाम् | avadethām | अवदध्वम् | avadadhvam |
| अवदत | avadata | अवदेताम् | avadetām | अवदन् | avadan |

Notare nuovamente l'uso della terminazione *e* nel duale delle radici dei verbi con A.

Applicando queste desinenze al verbo ad, mangiare, abbiamo:

**Tempo Presente Attivo**

| Singolare | | Duale | | Plurale | | |
|---|---|---|---|---|---|---|
| अद्मि | admi | अद्वः | advaḥ | अद्मः | admaḥ | Notare che la *d* diventa *t* quando seguita da una consonante dura. |
| अत्सि | atsi | अत्थः | atthaḥ | अत्थ | attha | |
| अत्ति | atti | अत्तः | attaḥ | अदन्ति | adanti | |

Il verbo *ad* non ha il Presente Medio.
Si studino il presente e l'imperfetto medi del verbo *brū*, parlare

**Tempo Presente Medio**

| Singolare | | Duale | | Plurale | | |
|---|---|---|---|---|---|---|
| ब्रुवे | bruve | ब्रूवहे | brūvahe | ब्रूमहे | brūmahe | Notare l'irregolarità delle *u* lunga e corta. |
| ब्रूषे | brūṣe | ब्रुवाथे | bruvāthe | ब्रूध्वे | brūdhve | |
| ब्रूते | brūte | ब्रुवाते | bruvāte | ब्रुवते | bruvate | |

**Tempo Imperfetto Medio**

| Singolare | | Duale | | Plurale | | |
|---|---|---|---|---|---|---|
| अब्रुवि | abruvi | अब्रूवहि | abrūvahi | अब्रूमहि | abrūmahi | Si noti che nella 2a e 3a persona duale dei verbi Non A si usa la *ā*, non la *e*. |
| अब्रूथाः | abrūthāḥ | अब्रुवाथाम् | abruvāthām | अब्रूध्वम् | abrūdhvam | |
| अब्रूत | abrūta | अब्रुवाताम् | abruvātām | अब्रुवत | abruvata | |

I verbi che cominciano con una vocale si uniscono alla particella *a* nella forma vṛddhi: *icchati* (Presente), *aicchat* ed *aicchan* (Imperfetto).

## Tempo presente delle radici irregolari dei verbi NonA

I verbi *yā* "andare" e *snā* "fare il bagno" seguono il modello *ad* "mangiare" dato sopra. Ci sono alcune lievi irregolarità nei verbi *vac* "parlare" e *han* "uccidere".

| Singolare | | Duale | Plurale |
|---|---|---|---|
| वच्मि | vacmi | Non ci sono altre forme per questo tempo | |
| वक्षि | vakṣi | | |
| वक्ति | vakti | | |

| Singolare | | Duale | | Plurale | |
|---|---|---|---|---|---|
| हन्मि | hanmi | हन्वः | hanvaḥ | हन्मः | hanmaḥ |
| हन्सि | hansi | हथः | hathaḥ | हथ | hatha |
| हन्ति | hanti | हतः | hataḥ | घ्नन्ति | ghnanti |

## Verbi con radici Forti e Deboli

Alcuni verbi hanno quelle che sono conosciute come "radici forti e deboli" Le radici forti vengono usate nelle persone e nei tempi che seguono:
1ª, 2ª e 3ª persona singolare del Presente, dell'Imperfetto e del Perfetto Attivi.
1ª, e 3ª persona singolare, 1ª persona duale e 1ª persona plurale dell'Imperativo Attivo e Medio.
Andare a vedere, nell'Appendice II, il verbo kṛ, fare, ed osservare che nelle persone e nei tempi summenzionati la radice è *karo*, mentre altrove è *kuru*, la forma debole. Comparare anche con la tavola delle desinenze standard sopra esposta.

| | | | | | | |
|---|---|---|---|---|---|---|
| ब्रू | brū | ब्रवी | bravī | ब्रवी | bravī | parlare |
| छा | dā | ददा | dadā | दद् | dad | dare |
| भिद् | bhid | भिनद् | bhinad | भिन्द् | bhind | rompere |
| हिंस् | hiṁs | हिनस् | hinas | हिंस् | hiṁs | offendere |
| आप् | āp | अप्नो | apno | अप्नु | apnu | ottenere |
| शक् | śak | शक्नो | śakno | शक्नु | śaknu | potere, esser capace |
| ग्रह् | grah | गृह्णा | gṛhṇā | गृह्णी | gṛhṇī | prendere |
| ज्ञा | jñā | जाना | jānā | जानी | jānī | conoscere |
| तन् | tan | तनो | tano | तनु | tanu | tendere, allargare |
| कृ | kṛ | करो | karo | कुरु | kuru | fare |
| विद् | vid | वेत्ति | vetti | वित्ते | vitte | conoscere |

Di questi verbi, a partire dalla prossima pagina, viene ora data la declinazione del Tempo Presente nelle forme Attiva, Media e Passiva. In quanto a quest'ultima, per formare il Tempo presente, alla sua radice si aggiungono le desinenze del Tempo Medio.

## Tempo Presente

### Attivo

ब्रू brū parlare

| | Singolare | | Duale | | Plurale | |
|---|---|---|---|---|---|---|
| 1ª pers. | ब्रवीमि | bravīmi | ब्रूवः | brūvaḥ | ब्रूमः | brūmaḥ |
| 2ª pers. | ब्रवीषि | bravīṣi | ब्रूथः | brūthaḥ | ब्रूथ | brūtha |
| 3ª pers | ब्रवीति | bravīti | ब्रूतः | brūtaḥ | ब्रुवन्ति | bruvanti |

### Medio

La forma media di brū è usata anche in senso attivo

| | Singolare | | Duale | | Plurale | |
|---|---|---|---|---|---|---|
| 1ª pers. | ब्रूवे | brūve | ब्रूवहे | brūvahe | ब्रूमहे | brūmahe |
| 2ª pers. | ब्रूषे | brūṣe | ब्रुवाथे | bruvāthe | ब्रूध्वे | brūdhve |
| 3ª pers | ब्रूते | brūte | ब्रुवाते | bruvāte | ब्रुवते | bruvate |

### Passivo

| | Singolare | | Duale | | Plurale | |
|---|---|---|---|---|---|---|
| 1ª pers. | ब्रूये | brūye | ब्रूयावहे | brūyāvahe | ब्रूयामहे | brūyāmahe |
| 2ª pers. | ब्रूयसे | brūyase | ब्रूयेथे | brūyethe | ब्रूयध्वे | brūyadhve |
| 3ª pers | ब्रूयते | brūyate | ब्रूयेते | brūyete | ब्रूयन्ते | brūyante |

**Attivo**

दा dā dare

| | Singolare | | Duale | | Plurale | |
|---|---|---|---|---|---|---|
| 1ª pers. | ददामि | dadāmi | दद्वः | dadvaḥ | दद्मः | dadmaḥ |
| 2ª pers. | ददासि | dadāsi | दत्थः | datthaḥ | दत्थ | dattha |
| 3ª pers | ददाति | dadāti | दत्तः | dattaḥ | ददति | dadati |

**Medio**

| | Singolare | | Duale | | Plurale | |
|---|---|---|---|---|---|---|
| 1ª pers. | ददे | dade | दद्वहे | dadvahe | दद्महे | dadmahe |
| 2ª pers. | दत्से | datse | ददाथे | dadāthe | दद्ध्वे | daddhve |
| 3ª pers | दत्ते | datte | ददाते | dadāte | ददते | dadate |

**Passivo**

| | Singolare | | Duale | | Plurale | |
|---|---|---|---|---|---|---|
| 1ª pers. | दीये | dīye | दीयावहे | dīyāvahe | दीयामहे | dīyāmahe |
| 2ª pers. | दीयसे | dīyase | दीयेथे | dīyethe | दीयध्वे | dīyadhve |
| 3ª pers | दीयते | dīyate | दीयेते | dīyete | दीयन्ते | dīyante |

**Attivo**

भिद् bhid rompere

| | Singolare | | Duale | | Plurale | |
|---|---|---|---|---|---|---|
| 1ª pers. | भिनद्मि | bhinadmi | भिन्द्वः | bhindvaḥ | भिन्द्मः | bhindmaḥ |
| 2ª pers. | भिनत्सि | bhinatsi | भिन्त्थः | bhintthaḥ | भिन्त्थ | bhinttha |
| 3ª pers | भिनत्ति | bhinatti | भिन्त्तः | bhinttaḥ | भिन्दन्ति | bhindanti |

**Medio**

| | Singolare | | Duale | | Plurale | |
|---|---|---|---|---|---|---|
| 1ª pers. | भिन्दे | bhinde | भिन्द्वहे | bhindvahe | भिन्द्महे | bhindmahe |
| 2ª pers. | भिन्त्से | bhintse | भिन्दाथे | bhindāthe | भिन्द्द्ध्वे | bhinddhve |
| 3ª pers | भिन्त्ते | bhintte | भिन्दाते | bhindāte | भिन्दते | bhindate |

**Passivo**

| | Singolare | | Duale | | Plurale | |
|---|---|---|---|---|---|---|
| 1ª pers. | भिद्ये | bhidye | भिद्यावहे | bhidyāvahe | भिद्यामहे | bhidyāmahe |
| 2ª pers. | भिद्यसे | bhidyase | भिद्येथे | bhidyethe | भिद्यध्वे | bhidyadhve |
| 3ª pers | भिद्यते | bhidyate | भिद्येते | bhidyete | भिद्यन्ते | bhidyante |

**Attivo**

हिंस् hiṁs offendere

| | Singolare | | Duale | | Plurale | |
|---|---|---|---|---|---|---|
| 1ª pers. | हिंसामि | hiṁsāmi | हिंसावः | hiṁsāvaḥ | हिंसामः | hiṁsāmaḥ |
| 2ª pers. | हिंससि | hiṁsasi | हिंसथः | hiṁsathaḥ | हिंसथ | hiṁsatha |
| 3ª pers | हिंसति | hiṁsati | हिंसतः | hiṁsataḥ | हिंसन्ति | hiṁsanti |

**Medio**

| | Singolare | | Duale | | Plurale | |
|---|---|---|---|---|---|---|
| 1ª pers. | हिंसे | hiṁse | हिंसावहे | hiṁsāvahe | हिंसामहे | hiṁsāmahe |
| 2ª pers. | हिंससे | hiṁsase | हिंसेथे | hiṁsethe | हिंसध्वे | hiṁsadhve |
| 3ª pers | हिंसते | hiṁsate | हिंसेते | hiṁsete | हिंसन्ते | hiṁsante |

**Passivo**

| | Singolare | | Duale | | Plurale | |
|---|---|---|---|---|---|---|
| 1ª pers. | हिंस्ये | hiṁsye | हिंस्यावहे | hiṁsyāvahe | हिंस्यामहे | hiṁsyāmahe |
| 2ª pers. | हिंस्यसे | hiṁsyase | हिंस्येथे | hiṁsyethe | हिंस्यध्वे | hiṁsyadhve |
| 3ª pers | हिंस्यते | hiṁsyate | हिंस्येते | hiṁsyete | हिंस्यन्ते | hiṁsyante |

**Attivo**

आप् āp ottenere

| | Singolare | | Duale | | Plurale | |
|---|---|---|---|---|---|---|
| 1ª pers. | आप्नोमि | āpnomi | आप्नुवः | āpnuvaḥ | आप्नुमः | āpnumaḥ |
| 2ª pers. | आप्नोषि | āpnoṣi | आप्नुथः | āpnuthaḥ | आप्नुथ | āpnutha |
| 3ª pers | आप्नोति | āpnoti | आप्नुतः | āpnutaḥ | आप्नुवन्ति | āpnuvanti |

**Medio**

| | Singolare | | Duale | | Plurale | |
|---|---|---|---|---|---|---|
| 1ª pers. | आप्नुवे | āpnuve | आप्नुवहे | āpnuvahe | आप्नुमहे | āpnumahe |
| 2ª pers. | आप्नुषे | āpnuṣe | आप्नुवाथे | āpnuvāthe | आप्नुध्वे | āpnudhve |
| 3ª pers | आप्नुते | āpnute | आप्नुवाते | āpnuvāte | आप्नुवते | āpnuvate |

**Passivo**

| | Singolare | | Duale | | Plurale | |
|---|---|---|---|---|---|---|
| 1ª pers. | आप्ये | āpye | आप्यावहे | āpyāvahe | आप्यामहे | āpyāmahe |
| 2ª pers. | आप्यसे | āpyase | आप्येथे | āpyethe | आप्यध्वे | āpyadhve |
| 3ª pers | आप्यते | āpyate | आप्येते | āpyete | आप्यन्ते | āpyante |

**Attivo**

शक् śak potere, essere capace

| | Singolare | | Duale | | Plurale | |
|---|---|---|---|---|---|---|
| 1ª pers. | शक्नोमि | śaknomi | शक्नुवः | śaknuvaḥ | शक्नुमः | śaknumaḥ |
| 2ª pers. | शक्नोषि | śaknoṣi | शक्नुथः | śaknuthaḥ | शक्नुथ | śaknutha |
| 3ª pers | शक्नोति | śaknoti | शक्नुतः | śaknutaḥ | शक्नुवन्ति | śaknuvanti |

**Medio**

| | Singolare | | Duale | | Plurale | |
|---|---|---|---|---|---|---|
| 1ª pers. | शक्नुवे | śaknuve | शक्नुवहे | śaknuvahe | शक्नुमहे | śaknumahe |
| 2ª pers. | शक्नुषे | śaknuṣe | शक्नुवाथे | śaknuvāthe | शक्नुध्वे | śaknudhve |
| 3ª pers | शक्नुते | śaknute | शक्नुवाते | śaknuvāte | शक्नुवते | śaknuvate |

**Passivo**

| | Singolare | | Duale | | Plurale | |
|---|---|---|---|---|---|---|
| 1ª pers. | शक्ये | śakye | शक्यावहे | śakyāvahe | शक्यामहे | śakyāmahe |
| 2ª pers. | शक्यसे | śakyase | शक्येथे | śakyethe | शक्यध्वे | śakyadhve |
| 3ª pers | शक्यते | śakyate | शक्येते | śakyete | शक्यन्ते | śakyante |

### Attivo

ग्रह् grah prendere

| | Singolare | | Duale | | Plurale | |
|---|---|---|---|---|---|---|
| 1ª pers. | गृह्णामि | gṛhṇāmi | गृह्णीवः | gṛhṇīvaḥ | गृह्णीमः | gṛhṇīmaḥ |
| 2ª pers. | गृह्णासि | gṛhṇāsi | गृह्णीथः | gṛhṇīthaḥ | गृह्णीथ | gṛhṇītha |
| 3ª pers | गृह्णाति | gṛhṇāti | गृह्णीतः | gṛhṇītaḥ | गृह्णन्ति | gṛhṇanti |

### Medio

| | Singolare | | Duale | | Plurale | |
|---|---|---|---|---|---|---|
| 1ª pers. | गृह्णे | gṛhṇe | गृह्णीवहे | gṛhṇīvahe | गृह्णीमहे | gṛhṇīmahe |
| 2ª pers. | गृह्णीषे | gṛhṇīṣe | गृह्णाथे | gṛhṇāthe | गृह्णीध्वे | gṛhṇīdhve |
| 3ª pers | गृह्णीते | gṛhṇīte | गृह्णाते | gṛhṇāte | गृह्णते | gṛhṇate |

### Passivo

| | Singolare | | Duale | | Plurale | |
|---|---|---|---|---|---|---|
| 1ª pers. | गृह्ये | gṛhye | गृह्यावहे | gṛhyāvahe | गृह्यामहे | gṛhyāmahe |
| 2ª pers. | गृह्यसे | gṛhyase | गृह्येथे | gṛhyethe | गृह्यध्वे | gṛhyadhve |
| 3ª pers | गृह्यते | gṛhyate | गृह्येते | gṛhyete | गृह्यन्ते | gṛhyante |

**Attivo**

ज्ञा jñā conoscere

| | Singolare | | Duale | | Plurale | |
|---|---|---|---|---|---|---|
| 1ª pers. | जानामि | jānāmi | जानीवः | jānīvaḥ | जानीमः | jānīmaḥ |
| 2ª pers. | जानासि | jānāsi | जानीथः | jānīthaḥ | जानीथ | jānītha |
| 3ª pers | जानाति | jānāti | जानीतः | jānītaḥ | जानन्ति | jānanti |

**Medio**

| | Singolare | | Duale | | Plurale | |
|---|---|---|---|---|---|---|
| 1ª pers. | जाने | jāne | जानीवहे | jānīvahe | जानीमहे | jānīmahe |
| 2ª pers. | जानीषे | jānīṣe | जानाथे | jānāthe | जानीध्वे | jānīdhve |
| 3ª pers | जानीते | jānīte | जानाते | jānāte | जानते | jānate |

**Passivo**

| | Singolare | | Duale | | Plurale | |
|---|---|---|---|---|---|---|
| 1ª pers. | ज्ञाये | jñāye | ज्ञायावहे | jñāyāvahe | ज्ञायामहे | jñāyāmahe |
| 2ª pers. | ज्ञायसे | jñāyase | ज्ञायेथे | jñāyethe | ज्ञायध्वे | jñāyadhve |
| 3ª pers | ज्ञायते | jñāyate | ज्ञायेते | jñāyete | ज्ञायन्ते | jñāyante |

**Attivo**

तन् tan tendere, allargare

| | Singolare | | Duale | | Plurale | |
|---|---|---|---|---|---|---|
| 1ª pers. | तनोमि | tanomi | तनुवः | tanuvaḥ | तनुमः | tanumaḥ |
| 2ª pers. | तनोषि | tanoṣi | तनुथः | tanuthaḥ | तनुथ | tanutha |
| 3ª pers | तनोति | tanoti | तनुतः | tanutaḥ | तनुवन्ति | tanuvanti |

**Medio**

| | Singolare | | Duale | | Plurale | |
|---|---|---|---|---|---|---|
| 1ª pers. | तनुवे | tanuve | तनुवहे | tanuvahe | तनुमहे | tanumahe |
| 2ª pers. | तनुषे | tanuṣe | तनुवाथे | tanuvāthe | तनुध्वे | tanudhve |
| 3ª pers | तनुते | tanute | तनुवाते | tanuvāte | तनुवते | tanuvate |

**Passivo**

| | Singolare | | Duale | | Plurale | |
|---|---|---|---|---|---|---|
| 1ª pers. | तन्ये | tanye | तन्यावहे | tanyāvahe | तन्यामहे | tanyāmahe |
| 2ª pers. | तन्यसे | tanyase | तन्येथे | tanyethe | तन्यध्वे | tanyadhve |
| 3ª pers | तन्यते | tanyate | तन्येते | tanyete | तन्यन्ते | tanyante |

**Attivo**

कृ kṛ fare

| | Singolare | | Duale | | Plurale | |
|---|---|---|---|---|---|---|
| 1ª pers. | करोमि | karomi | कुर्वः | kurvaḥ | कुर्मः | kurmaḥ |
| 2ª pers. | करोषि | karoṣi | कुरुथः | kuruthaḥ | कुरुथ | kurutha |
| 3ª pers | करोति | karoti | कुरुतः | kurutaḥ | कुर्वन्ति | kurvanti |

**Medio**

| | Singolare | | Duale | | Plurale | |
|---|---|---|---|---|---|---|
| 1ª pers. | कुर्वे | kurve | कुर्वहे | kurvahe | कुर्महे | kurmahe |
| 2ª pers. | कुरुषे | kuruṣe | कुर्वाथे | kurvāthe | कुरुध्वे | kurudhve |
| 3ª pers | कुरुते | kurute | कुर्वाते | kurvāte | कुर्वते | kurvate |

**Passivo**

| | Singolare | | Duale | | Plurale | |
|---|---|---|---|---|---|---|
| 1ª pers. | क्रिये | kriye | क्रियावहे | kriyāvahe | क्रियामहे | kriyāmahe |
| 2ª pers. | क्रियसे | kriyase | क्रियेथे | kriyethe | क्रियध्वे | kriyadhve |
| 3ª pers | क्रियते | kriyate | क्रियेते | kriyete | क्रियन्ते | kriyante |

**Attivo**

विद् vid conoscere

| | Singolare | | Duale | | Plurale | |
|---|---|---|---|---|---|---|
| 1ª pers. | वेद्मि | vedmi | विद्वः | vidvaḥ | विद्मः | vidmaḥ |
| 2ª pers. | वेत्सि | vetsi | वित्थः | vitthaḥ | वित्थ | vittha |
| 3ª pers | वेत्ति | vetti | वित्तः | vittaḥ | विदन्ति | vidanti |

**Medio**

| | Singolare | | Duale | | Plurale | |
|---|---|---|---|---|---|---|
| 1ª pers. | विदे | vide | विद्वहे | vidvahe | विद्महे | vidmahe |
| 2ª pers. | वित्से | vitse | विदाथे | vidāthe | विद्ध्वे | viddhve |
| 3ª pers | वित्ते | vitte | विदाते | vidāte | विदते | vidate |

**Passivo**

| | Singolare | | Duale | | Plurale | |
|---|---|---|---|---|---|---|
| 1ª pers. | विद्ये | vidye | विद्यावहे | vidyāvahe | विद्यामहे | vidyāmahe |
| 2ª pers. | विद्यसे | vidyase | विद्येथे | vidyethe | विद्यध्वे | vidyadhve |
| 3ª pers | विद्यते | vidyate | विद्येते | vidyete | विद्यन्ते | vidyante |

**INTERROGATIVI kutaḥ kasmāt kim**

*Kutaḥ e kasmāt* possono significare "perché?, per quale ragione?, da quale causa?" come pure "da dove?, da chi?, da che cosa?" Per rendere una frase interrogativa si inizia la frase con *kim:*

| | | |
|---|---|---|
| किं पान्था वने भ्रमन्ति । | kiṁ pānthā vane bhramanti। | I viaggiatori vagano nel bosco? |
| किं त्वं गच्छसि । | kiṁ tvaṁ gacchasi। | Te ne stai andando? |

ESERCIZIO XLIX

Tradurre in italiano:

अद्य वयं क्व गच्छामः । १ ।

यूयं समुद्रे न स्नाथः । २ ।

तौ कस्माद्युध्यतै । ३ ।

अहमित्थं चिन्तयामि । ४ ।

अहं ग्रामं पुरनर्गमिष्यामि । ५ ।

बालौ सरसि नष्टौ । ६ । नष्ट scomparso, perito, svanito, morto

अहमित्थं करिष्यामीति त्वं कुतो न वदसि । ७ ।

कुतो न गच्छसीति पुत्रं पिता पृच्छति । ८ ।

ESERCIZIO L

Tradurre in sanscrito:

1. Il padrone di casa chiede al viaggiatore: "Chi sei?"
2. Vado al villaggio.
3. Loro due andranno in montagna.
4. Voi due andate al bosco?
5. Dobbiamo noi due andare alla spiaggia?
6. Tu vedi la mia casa.
7. Che cosa fai?
8. Che cosa desideri?
9. Che cosa dirai?
10. Io non dico nulla.
11. Sei capace o no?
12. Non sono capace.
13. Vedo tuo figlio.

## LEZIONE XXVIII

### TEMPO INFINITO

Per formare l'infinito, alla radice del verbo si aggiunge la desinenza *tum*, con o senza l'interposizione della *i* fra le due parti:.

| Radice | | Infinito | | |
|---|---|---|---|---|
| कृ | kṛ | कर्तुम् | kartum | fare |
| गम् | gam | गन्तुम् | gantum | andare |
| या | yā | यातुम् | yātum | andare |
| जि | ji | जेतुम् | jetum | vincere |
| स्था | sthā | स्थातुम् | sthātum | stare |
| दा | dā | दातुम् | dātum | dare |
| वच् | vac | वक्तुम् | vaktum | parlare |
| दृश् | dṛś | द्रष्टुम् | draṣṭum | vedere |
| भू | bhū | भवितुम् | bhavitum | diventare |

Per gli altri verbi, consultare la Tavola nell'Appendice III.

ESERCIZIO LI

भक्ताः पर्वतं गन्तुमिच्छन्ति। १।

त्वमरुन्धतीं तारां द्रष्टुं न शक्नोषि। २।

नावस्तीरं यातुं न शक्ताः। ३।

अत्र स्थातुमिच्छन्ति। ४।

तत्र स्थातुं योग्यमिति पिता ब्रवीति। ५॥

मन्दं वक्तुमुचितमस्ति। ६।

वृद्धेभ्योः धनं दातुं योग्यम्। ७।

रावणं जेतुम् राम इच्छति। ८।

हुतं कर्तुं वनं भक्तो याति। ९।

## ESERCIZIO LII

1. Rāvaṇa non può vincere Rāma.
2. Il padre desidera dare il libro al figlio.
3. I due figli desiderano andare al bosco.
4. Vuoi andare alla spiaggia?
5. Desidero vedere mio padre.
6. Vuoi stare qui?
7. Che cosa vuoi fare?
8. Non è adatto (non si può) fare così.
9. Parlare così è inappropriato.

# LEZIONE XXIX

## PARTICIPIO PRESENTE

La desinenza del Participio Presente è *at*:

| | | |
|---|---|---|
| भवत् | bhavat | essendo |
| गच्छत् | gacchat | andando |
| तिष्ठत् | tiṣṭhat | stando |

La declinazione di questo participio utilizza le desinenze regolari, ma al Nominativo ed Accusativo Maschili Singolari, nel Nominativo Plurale Maschile e Neutro inserisce una न् n prima della त् t, trasformando la desinenza in *ant* (Appendice I). Poiché una parola che termina in doppia consonante non può stare sola, il nominativo singolare termina in *an*. La forma femminile di questo participio è *bhavatī* o *bhavantī*, e segue la declinazione dei nomi femminili terminanti in *ī* lunga. ( Appendice I).

| | | |
|---|---|---|
| पचन् तस्य हस्तं ददाह | pacan tasya hastaṁ dadāha | Cucinando (lui) si bruciò la mano. |
| पचन्ती तस्या हस्तं ददाह | pacantī tasyā hastaṁ dadāha | Cucinando (lei) si bruciò la mano. |

## PARTICIPIO PRESENTE ATTIVO

Il Paricipio Presente Attivo dei verbi appartenenti al *gruppo con a* si forma aggiungendo alla radice del Presente *ant* nella forma forte e *at* nella forma debole. I sostantivi, gli aggettivi ed i participi che *terminano in consonante* hanno radici forti, deboli e talvolta anche medie. Nelle parole Maschili e Femminili i casi forti sono il Nominativo e l'Accusativo sia Singolare che Duale ed il Nominativo Plurale. Gli altri casi sono deboli. Nelle parole Neutre i casi forti sono soltanto il Nominativo e l'Accusativo Plurali. Gli altri casi sono deboli. La forma forte per i Participi di tutti i verbi può essere presa dalla terza persona plurale del Presente Indicativo Attivo facendo cadere la *i* finale:

| | | | |
|---|---|---|---|
| bhū - bhavanti | loro diventano | bhavant & bhavat | diventando |
| kṛ - kurvanti | loro fanno | kurvant & kurvat | facendo |

Il Paricipio Presente Attivo dei verbi terminanti in *ati* appartenenti al *gruppo Non-A della classe che raddoppia*, nella terza persona plurale del Presente Attivo hanno soltanto, lungo tutta la declinazione, la forma debole in *at*.

| | | | |
|---|---|---|---|
| dā - dadati | loro danno | dadat | dando |
| hu - juhvati | loro sacrificano | juhvat | sacrificando |

La forma femminile di questo Participio presente si forma aggiungendo *ī sia* alla forma forte che alla forma debole. La forma forte si usa generalmente con le radici dei verbi del gruppo *con a*, mentre la forma debole si una con quelle dei verbi del *gruppo Non-A*.

bhavantī diventando yātī andando

Si declinano come nadī - fiume (si veda l'Appendice I).

DECLINAZIONE COMPLETA DEL PARTICIPIO PRESENTE ATTIVO NEL MASCHILE, FEMMINILE E NEUTRO

जीवन्त् - jīvant vivente

**Singolare**

| | M. | | N. | | F.. | |
|---|---|---|---|---|---|---|
| Nom. | जीवन् | jīvan | जीवत् | jīvat | जीवन्ती | jīvantī |
| Voc. | जीवन् | jīvan | जीवत् | jīvat | जीवन्ति | jīvanti |
| Acc. | जीवन्तम् | jīvantam | जीवत् | jīvat | जीवन्तीम् | jīvantīm |
| Strum. | जीवता | jīvatā | जीवता | jīvatā | जीवन्त्या | jīvantyā |
| Dat. | जीवते | jīvate | जीवते | jīvate | जीवन्त्यै | jīvantyai |
| Abl. | जीवतः | jīvataḥ | जीवतः | jīvataḥ | जीवन्त्याः | jīvantyāḥ |
| Gen. | जीवतः | jīvataḥ | जीवतः | jīvataḥ | जीवन्त्याः | jīvantyāḥ |
| Loc. | जीवति | jīvati | जीवति | jīvati | जीवन्त्याम् | jīvantyām |

**Duale**

| | M. | | N. | | F. | |
|---|---|---|---|---|---|---|
| Nom. | जीवन्तौ | jīvantau | जीवन्ती | jīvantī | जीवन्त्यौ | jīvantyau |
| Voc. | जीवन्तौ | jīvantau | जीवन्ती | jīvantī | जीवन्त्यौ | jīvantyau |
| Acc. | जीवन्तौ | jīvantau | जीवन्ती | jīvantī | जीवन्त्यौ | jīvantyau |
| Strum. | जीवद्भ्याम् | jīvadbhyām | जीवद्भ्याम् | jīvadbhyām | जीवन्तीभ्यम् | jīvantībhyam |
| Dat. | जीवद्भ्याम् | jīvadbhyām | जीवद्भ्याम् | jīvadbhyām | जीवन्तीभ्यम् | jīvantībhyam |

| | | | | | | |
|---|---|---|---|---|---|---|
| Abl. | जीवद्भ्याम् | jīvadbhyām | जीवद्भ्याम् | jīvadbhyām | जीवन्तीभ्यम् | jīvantībhyam |
| Gen. | जीवतोः | jīvatoḥ | जीवतोः | jīvatoḥ | जीवन्त्योः | jīvantyoḥ |
| Loc. | जीवतोः | jīvatoḥ | जीवतोः | jīvatoḥ | जीवन्त्योः | jīvantyoḥ |

**Plurale**

| | M. | | N. | | F.. | |
|---|---|---|---|---|---|---|
| Nom. | जीवन्तः | jīvantaḥ | जीवन्ति | jīvanti | जीवन्त्यः | jīvantyaḥ |
| Voc. | जीवन्तः | jīvantaḥ | जीवन्ति | jīvanti | जीवन्त्यः | jīvantyaḥ |
| Acc. | जीवतः | jīvataḥ | जीवन्ति | jīvanti | जीवन्तीः | jīvantīḥ |
| Strum. | जीवद्भिः | jīvadbhiḥ | जीवद्भिः | jīvadbhiḥ | जीवन्तीभिः | jīvantībhiḥ |
| Dat. | जीवद्भ्यः | jīvadbhyaḥ | जीवद्भ्यः | jīvadbhyaḥ | जीवन्तीभ्यः | jīvantībhyaḥ |
| Abl. | जीवद्भ्यः | jīvadbhyaḥ | जीवद्भ्यः | jīvadbhyaḥ | जीवन्तीभ्यः | jīvantībhyaḥ |
| Gen. | जीवताम् | jīvatām | जीवताम् | jīvatām | जीवन्तीनाम् | jīvantīnām |
| Loc. | जीवत्सु | jīvatsu | जीवत्सु | jīvatsu | जीवन्तीषु | jīvantīṣu |

PARTICIPIO PRESENTE MEDIO

Le forme Medie del Participio Presente sono *māna* e *āna* e devono essere usate con tutti i verbi Medi deponenti e con qualsiasi participio della Voce Media. Alle radici del Presente dei verbi del gruppo "con a"si aggiunge *māna*, a quelle del gruppo Non-A (radice debole) si aggiunge, invece, *āna*:

| | | | | | | | |
|---|---|---|---|---|---|---|---|
| यत् | yat | यतन्ते | yatante | lottano | यतमान | yatamāna | lottando |
| कृ | kṛ | कुर्वन्ते | kurvante | fanno | कुर्वाण | kurvāṇa | facendo |
| पच् | pac | पचन्ते | pacante | cucinano | पचमान | pacamāna | cucinando |

Le forme Maschile, Neutra e Femminile sono:

| M. | | N. | | F. | |
|---|---|---|---|---|---|
| यतमान | yatamāna | यतमानम् | yatamānam | यतमाना | yatamānā |
| कुर्वाण | kurvāṇa | कुर्वाणम् | kurvāṇam | कुर्वाणा | kurvāṇā |

पचमान pacamāna पचमानम् pacamānam पचमाना pacamānā

Queste forme vengono declinate allo stesso modo di *pāpa, pāpam* e *pāpā* (male), la cui declinazione completa è riportata nell'Appendice I.

PARTICIPIO PRESENTE PASSIVO

Questo Participio aggiunge *māna* alla radice Passiva della forma in *ya*:

| | | | | | | | |
|---|---|---|---|---|---|---|---|
| दा | dā | दीयते | dīyate | è dato | दीयमान | dīyamāna | essendo dato |
| वद् | vad | उद्यते | udyate | è detto | उद्यमान | udyamāna | essendo detto |

Le forme Maschile, Neutro e Femminile, anch'esse declinabili allo stesso modo di *pāpa, pāpam* e *pāpā*, sono:

| M. | | N. | | F. | |
|---|---|---|---|---|---|
| दीयमान | dīyamāna | दीयमानम् | dīyamānam | दीयमाना | dīyamānā |
| उद्यमान | udyamāna | उद्यमानम् | udyamānam | उद्यमाना | udyamānā |

USO DEL PARTICIPIO PRESENTE

Questo participio deve essere usato in concomitanza con l'azione indicata. Si usa per esprimere il senso del gerundio presente italiano . Tutti i participi devono accordarsi nel genere, nel numero e nel caso con il nome od il pronome che modificano:

| | | |
|---|---|---|
| वने भ्रमन्ती कन्या पपात । | vane bhramantī kanyā papāta। | Vagando nel bosco la ragazza cadde. |
| अरन्ये भ्रमन् चिन्तयति । | aranye bhraman cintayati। | Vagando nella foresta pensa. |

Questo participio si usa pure per esprimere un pronome relativo:

| | | |
|---|---|---|
| युध्यमानं शत्रुं वने ददर्श । | yudhyamānaṁ śatruṁ vane dadarśa। | Vide il nemico che combatteva nel bosco |

PARTICIPIO FUTURO ATTIVO

Questo participio viene costruito con la radice del futuro:

भू - भविष्यन्ति bhū - bhaviṣyanti diventeranno बविष्यन्त् baviṣyant starà diventando

La declinazione è identica a quella del Participio Presente Attivo:

| M. | | N. | | F. | |
|---|---|---|---|---|---|
| भविष्यन् | bhaviṣyan | भविष्यत् | bhaviṣyat | भविष्यन्ती | bhaviṣyantī |

| | | |
|---|---|---|
| वदिष्यन् देवोऽत्रास्ति | vadiṣyan devo'trāsti | Il dio che parlerà (starà parlando) è qui. |

PARTICIPIO PASSATO ATTIVO

Questo participio si forma aggiungendo vant e vat al Participio Passato Passivo:

| | | Passivo | | | Attivo | | |
|---|---|---|---|---|---|---|---|
| कृ | kṛ | fare | कृत | kṛta | è fatto | कृतवन्त् - कृतवत् | kṛtavant - kṛtavat | ha fatto |

Il nominativo singolare di questo participio nei tre generi è:

| M. | | N. | | F. | |
|---|---|---|---|---|---|
| कृतवान् | kṛtavān | कृतवत् | kṛtavat | कृतवन्ती | kṛtavantī |

Si declina esattamente come il Participio Presente, eccetto che al Nominativo Maschile Singolare che termina in *ān* anziché in *an*.
Questo participio, con il valore del Passato Prossimo italiano, si usa quasi sempre in modo predicativo e, generalmente, senza la copula (il verbo essere):

| | | |
|---|---|---|
| मां न कश्चिद् द्रष्टवान्। | mām na kaścid dṛṣṭavān। | Nessuno mi ha visto. |
| सा गतवती। | sā gatavatī। | Ella è andata |
| धनं गतवत्। | dhanaṁ gatavat। | Il denaro se n'è andato. |
| महादुःखं सोढवत्यसि। | Mahā duḥkhaṁ soḍhavatyasi। | Hai sopportato un grande dolore |

Come si può vedere dalla scomposizione del saṁdhi, l'inflessione del verbo è al femminile सोढवती असि soḍhavatī asi.

PARTICIPIO FUTURO PASSIVO O GERUNDIVO

Questo Participio si forma con le desinenze *tavya*, *anīya*, e *yā*. Alcuni verbi usano tutte tre le forme, mentre altri ne usano soltanto una o due.
Questi Participi Passivi Futuri sono declinati allo stesso modo degli aggettivi terminanti in *"a"*. La desinenza femminile è "*ā*" e segue la declinazione dei nomi femminili terminanti in *ā*.
Questo Participio è molto usato al Nominativo Neutro Singolare. Gli esempi che seguono possono dare un'idea del significato e dell'uso di questo Participio:

| | | |
|---|---|---|
| भवितव्यम् | bhavitavyam | (ciò che) deve essere |
| सहनीयम् | sahanīyam | (ciò che) deve essere sopportato |
| लभ्यम् | labhyam | (ciò che) deve essere acquisito |

Seguono alcune forme utili da ricordare:

| | | |
|---|---|---|
| कार्य | kārya | da fare |
| गन्तव्य | gantavya | da andare |
| जेतव्य | jetavya | da vincere |
| द्रष्टव्य | draṣṭavya | da vedere |
| बोध्य | bodhya | da conoscere |
| भज्य | bhajya | da adorare |
| वक्तव्य | vaktavya | da dire |
| श्रव्य | śravya | da ascoltare |
| शक्य | śakya | possibile |
| सह्य | sahya | sopportabile |

Seguono ulteriori esempi dell'uso di questo Participio:

| | | |
|---|---|---|
| बाणः कार्यो बालेन । | bāṇaḥ kāryo bālena। | La freccia deve esser fatta dal ragazzo. |
| प्रभुर्भज्यो भक्तेन । | prabhurbhajyo bhaktena। | Il Signore deve essere adorato dal devoto. |
| तत्र मया गन्तव्यम् । | tatra mayā gantavyam। | Devo andare lì. (Lett.: lì da me deve essere andato) |

L'ultimo esempio introduce una forma di questo participio molto utile nella composizione sanscrita. Si tratta del suo uso al nominativo singolare neutro utilizzato in combinazione con il caso strumentale per indicare un obbligo. Ecco ulteriori esempi:

| | | |
|---|---|---|
| हे त्वया गन्तव्यम् । | he (particella vocativa) tvayā gantavyam। | Oh! Te ne devi andare. (Lett.:Oh, da te da essere andato) |

| | | |
|---|---|---|
| तथा भवितव्यं तेन । | tathā bhavitavyaṁ tena। | (Egli) deve diventare così. (Lett.: così da essere diventato da lui) |

ESERCIZIO LIII

Tradurre in italiano:

तथा कदापि न मया कर्तव्यम् । १ ।

अहं दक्षिणारण्ये गच्छन् वृद्धव्याघ्रमपश्यम् । २ ।

स व्याघ्रः सरसि स्नात्वा कुशहस्तो वदति । ३ ।

हे पान्थ कुत्र त्वया गन्तव्यम् । ४ ।

दुःखं सहनीयमस्ति रावणेन । ५ ।

किं कर्तव्यं मम पुत्रैः । ६ ।

फलानि वृक्षेभ्यो हर्तुं शक्यम् । ७ ।

यदा बुद्धिः शोभते तदा दुःखं सह्यम् । ८ ।

देवा भज्याः साधुभिर् नरैः । ९ ।

अद्य मां न कश्चिद द्रष्टवान् । १० ।

ESERCIZIO LIV

Tradurre in sanscrito:

1 Che cosa deve fare l'uomo?
2. Stando sulla riva del mare vide una nave.
3. Oggi devo fare questo.
4. La madre disse: “Devi andare al villaggio”.
5. Ciò che dovrebbe essere, è.
6. Il merito deve essere ottenuto dal devoto.
7. Oggi gli uomini dovrebbero vedere il Maestro.
8. Se il devoto serve il suo Maestro, è possibile guadagnare merito.
9. Quando il Signore viene, devi parlare.

# COMPOSTI VERBALI

I verbi composti con le preposizioni mantengono talvolta il senso originale degli elementi che li compongono, ma spesso hanno un significato che si discosta ampiamente da ciò che ci si aspetterebbe considerando il significato dei singoli componenti. Per la spiegazione di tali composti è bene utilizzare un buon dizionario. La lista che segue ne presenta alcune forme utili.

| | | | | | |
|---|---|---|---|---|---|
| अति | ati | oltre, al di là | अतिक्रमति | atikramati | (egli) va oltre |
| अधि | adhi | oltre, finito | अधिगत | adhigata | andato alla fine |
| अनधि | anadhi | non finito | अनधिगत | anadhigata | non andato alla fine |
| अनु | anu | dietro, come, alla maniera di | अनुचरति | anucarati | segue, imita (và dietro) |
| अप | apa | fuori, via, lontano | अपहरति | apaharati | (egli) porta via, rapisce |
| अभि | abhi | dà il senso contrario | अभिगच्छति | abhigacchati | (egli) si avvicina |
| आ | ā | inverte il senso | आगच्छति | āgacchati | (egli) viene |
| | | | आददाति | ādadāti | (egli) prende |
| उप | upa | vicino | उपतिष्ठते | upatiṣṭhate | (egli) sta vicino |
| परि | pari | attorno | परिधि | paridhi (m.) | perimetro, attorno |
| प्रति | prati | di nuovo, indietro | प्रतिकार | pratikāra (m.) | rappresaglia |
| | | | प्रतिदिनम् | pratidinam (n.) | ogni giorno |
| वि | vi | separatamente | वियोग | viyoga (m.) | disgiunzione |
| | | | विकार | vikāra (m.) | cambio di forma |
| सम् | sam | con | संगम | saṅgama (m.) | associazione |
| निर् | nir | senza | निर्दोष | nirdoṣa | senza colpa |

Le preposizioni che seguono, quando usate separatamente, si applicano nel modo indicato:

| | | | |
|---|---|---|---|
| प्रति | prati | verso | governa l'Accusativo. |
| सह | saha | con | governa lo Strumentale. |
| विना | vinā | senza, eccetto | governa sia l'Accusativo che lo Strumentale. |

Affinché lo studente sia capace di riconoscere i prefissi preposizionali sanscriti quando analizza una parola per individuarne la radice, viene ora fornita un'ulteriore lista di questi con i loro significati:

| | | |
|---|---|---|
| अन्तर, अन्तस् | antar, antas | tra (in mezzo), dentro |
| अपि | api | fino a, prossimo, vicino |
| अव | ava | giù, lontano |
| उद् | ud | su, sopra |
| नि | ni | giù, in, dentro |
| परा | parā | via, a distanza |
| प्र | pra | in avanti |
| निस्, निर्, निः | nis, nir, niḥ | fuori, senza |

## MUTAMENTI VOCALICI DELLE RADICI VERBALI NELLE PAROLE CAMBIAMENTI GUNA E VRDDHI

| | | | | | | | | |
|---|---|---|---|---|---|---|---|---|
| मन् | man | pensare | मनस् | manas | mente | मानस | mānasa | mentale |
| दिव् | div | risplendere | देव | deva | dio | दैव | daiva | divino |
| बुध् | budh | conoscere | बोध | bodha | conoscenza | बौध | baudha | saggio |
| धृ | dhṛ | tenere | धर्म | dharma | legge | धार्मिक | dhārmika | virtuoso |
| क्लृप् | klṛp | essere in ordine | कल्प | kalpa | età, ciclo | काल्प | kālpa | ciclico |

## ESERCIZIO LV

Tradurre in italiano:

धर्ममतिक्रामति प्रतिदिनम्। १।

शिष्या अनुचरिष्यन्ति गुरुम्। २।

सीतामपजहार रावणः। ३।

भयं विना व्याघ्रो नोपगन्तव्यः। ४।

पुत्रः पितरमुपतिष्ठते। ५।

अत्र प्रतिकारो न कर्तव्यः। ६।

कुतः आगतोऽयं शृगालः। ७।

पुत्रस्य हस्तात् पिता पुस्तकमाददाति। ८।

इदं पुस्तकं शिष्येण सर्वदाधिगन्तव्यम्। ९।

अनधिगतशास्त्रा मम पुत्राः किम् कर्तुं शक्नुवन्ति। १०।

## ESERCIZIO LV

Tradurre in sanscrito:

1. Devi completare (la lettura) del libro.
   Usare questa forma: Il libro (la lettura del libro) deve essere completato da te. Il testo fra parentesi non viene tradotto, bensì è implicito nel senso.
2. Il discepolo imita il precettore.
3. Rāvaṇa rapisce Sita.
4. Il viaggiatore avvicina la tigre.
5. Il viaggiatore non avvicina la tigre senza paura.
6. Il padre, assieme al figlio, stà vicino all'albero.
7. Il corvo non si associa con lo sciacallo.
8. Ogni giorno il corvo e lo sciacallo si associano con il cervo.
9. Come si può separarli? (Usare questa forma: Come può essere effettuata/prodotta la loro disgiunzione?)

# TEMPI IMPERATIVO E OTTATIVO

L'Imperativo è usato per il comando o la supplica. L'Ottativo o Potenziale è invece usato per la probabilità, per le affermazioni condizionali, i desideri, le speranze e le preghiere. Ecco le desinenze di questi tempi:

## DESINENZE DELL'IMPERATIVO

| Parasmaipada - Attivo | | | Atmanepada - Passivo | | |
|---|---|---|---|---|---|
| āni | āva | āma | ai | āvahai | āmahai |
| dhi, hi | tam | ta | sva | (e)āthām | dhvam |
| tu | tām | antu, atu | tām | (e)ātām | antām, atām |

Si tenga presente che l'Imperativo della seconda persona singolare dei verbi del gruppo *con a* si forma con la radice verbale nella sua forna guṇa, a cui si aggiunge una *a*:

स्मर smara ricorda भव bhava diventa

## DESINENZE DELL'OTTATIVO O POTENZIALE

| Parasmaipada - Attivo | | | Atmanepada - Passsivo | | |
|---|---|---|---|---|---|
| yām | yāva | yāma | īya | īvahi | īmahi |
| yāḥ | yātam | yāta | īthāḥ | īyāthām | īdhvam |
| yāt | yātām | yuḥ | īta | īyātām | īran |

Nei verbi del gruppo *con a* possiamo vedere che l'Ottativo è differente da quello dei verbi del gruppo *Non-A*. Così abbiamo:

भवेत् bhavet dovrebbe o potrebbe diventare ma कुर्यात् kuryāt dovrebbe o potrebbe fare

La forma dell'Imperativo passivo è spesso usata per le preghiere o i desideri:

| | | |
|---|---|---|
| श्रुयताम् | śruyatām | che sia ascoltato |
| क्रियताम् | kriyatām | che sia fatto |
| दृष्यताम् | dṛṣyatām | che sia visto |

| | | |
|---|---|---|
| उच्यताम् | ucyatām | che sia detto |

## LA PARTICELLA PROIBITIVA mā

La particella मा, *mā* viene usata nelle forme negative dell'Imperativo. न, *na*, invece, si usa, per la negazione, con tutti gli altri tempi:

मा वद । mā vada। non parlare! मा हरत । mā harata। non prendete!

## LA PARTICELLA PROIBITIVA sma

La particella *sma* è un termine che si aggiunge ad una forma verbale nel Tempo Presente per esprimere il senso del Passato:

वसति स्म vasati sma esprime il senso di अवसत् avasat (egli) abitava

## IL PRONOME bhavat

La forma cortese di tu, *tvam*, è *bhavat* e si declina come la radice terminante in consonante *bhagavat* (Vedere l'Appendice I). Benché abbia lo stesso senso della 2a persona, prende la forma della 3a , esattamente come succede in italiano con il pronome "Lei":

| | | |
|---|---|---|
| त्वं गच्छसि । | tvaṁ gacchasi। | Tu vai |
| भवान् गच्छति । | bhavān gacchati। | Lei va.(M.) |
| भवती गच्छति । | bhavatī gacchati। | Lei va.(F.) |
| भवान् नो मन्त्रयत्विति शिष्या गुरुमपृच्छन् । | bhavān no mantrayatviti śiṣyā gurumapṛcchan। | "Possa Lei consigliarci", così chiedevano i discepoli al Maestro. |

## GRADI DI COMPARAZIONE DEL'AGGETTIVO

Il suffisso comparativo è *tara*,quello superlativo è *tama*:

| Positivo | | | Comparativo | | Superlativo | |
|---|---|---|---|---|---|---|
| मन्द | manda | lento | मन्दतर | mandatara | मन्दतम | mandatama |

Quelle che seguono sono alcune forme irregolari che è bene memorizzare:

| | | | | | | |
|---|---|---|---|---|---|---|
| युवन् | yuvan | giovane | यवियस् | yaviyas | यविष्ठ | yaviṣṭha |
| वृद्ध | vṛddha | vecchio | ज्यायस् | jyāyas | ज्येष्ठ | jyeṣṭha |
| | | | वर्षीयस् | varṣīyas | वर्षिष्ठ | varṣiṣṭha |
| दीर्घ | dīrgha | lungo | द्राघीयस् | drāghīyas | द्राघीष्ठ | drāghīṣṭha |
| बहु | bahu | molto | भूयस् | bhūyas | भूयिष्ठ | bhūyiṣṭha |

I suffissi *tarām* e *tamām* possono essere aggiunti ad una forma verbale per conferirle il senso comparativo o superlativo dell'azione:

| | | | | | |
|---|---|---|---|---|---|
| पचतितराम् | pacatitarām | (egli) cucina meglio | पचतितमाम् | pacatitamām | (egli) cucina benissimo |

Ci sono molte piccole irregolarità nei verbi della classe *Non-A,* ma lo schema generale dato in queste lezioni dovrebbe aiutare nel riconoscerle quando le si incontrano.

ESERCIZIO LVI

Tradurre in italiano:

वने पान्थो न नश्येत् । १ ।

माताऽन्यथा जानीयात् । २ ।

प्रभुर्मन्त्रयेत् । ३ ।

बको जले स्नायात् । ४ ।

शिष्यः कवेः पुस्तकानि गृह्णीयात् । ५ ।

वृद्धं व्याघ्रं न हिंस्यात् । ६ ।

पितुर्गृहे पूजां कुर्यात् । ७ ।

मा एवं कुरु तथा कुरु । ८ ।

वयं शास्त्रं पश्याम । ९ ।

काशीं पुनर्गच्छ । १० ।

उत्तिष्ठ शत्रुञ्जय । ११ ।

## ESERCIZIO LVI

Tradurre in sanscrito:

1. L'insegnante dovrebbe essere un buon uomo.
2. Il cavallo dovrebbe essere bianco.
3. Il discepolo non dovrebbe essere perplesso.
4. Lascia che il desiderio sia udito dal padre.
5. Lascia che il cervo corra nella foresta.
6. Lascia che la bella ragazza sorrida.
7. Lascia che il corvo se ne vada.
8. Perché fare così dovrebbe essere inadatto?
9. Egli dovrebbe guadagnare merito.
10. Loro dovrebbero andare a casa.
11. Fa che a nessuno sia fatta offesa.

## LEZIONE XXXII

# IL TEMPO PERFETTO

Nella lezione XIII abbiamo imparato che il tempo Perfetto si forma con il raddoppio della radice in vari modi. La forma studiata ed usata era la 3a Persona Singolare. Questa forma è usata pure per la 1a Persona Singolare. In questo Tempo abbiamo forme forti e deboli. Il duale ed il plurale della forma Attiva ed il singolare, duale e plurale della Media sono deboli, mentre le forme singolari della Attiva sono forti. La tavola che segue ne fornisce le desinenze:

### DESINENZE DEL PERFETTO

| Parasmaipada - Attivo | | | Atmanepada - Passsivo | | |
|---|---|---|---|---|---|
| a | va | ma | e | vahe | mahe |
| tha | athuḥ | a | se | āthe | dhve |
| a | atuḥ | uḥ | e | āte | re |

Così, ecco il Tempo perfetto di बुध् budh ,conoscere:

### Attivo

| | Singolare | | Duale | | Plurale | |
|---|---|---|---|---|---|---|
| 1ª pers. | बुधोध | budhodha | बुबुधिव | bubudhiva | बुबुधिम | bubudhima |
| 2ª pers. | बुबोधिथ | bubodhitha | बुबुधथुः | bubudhathuḥ | बुबुध | bubudha |
| 3ª pers | बुधोध | budhodha | बुबुधतुः | bubudhatuḥ | बुबुधुः | bubudhuḥ |

### Medio

| | Singolare | | Duale | | Plurale | |
|---|---|---|---|---|---|---|
| 1ª pers. | बुबुधे | bubudhe | बुबुधिवहे | bubudhivahe | बुबुधिमहे | bubudhimahe |
| 2ª pers. | बुबुधिषे | bubudhiṣe | बुबुधाथे | bubudhāthe | बुबुधिध्वे | bubudhidhve |
| 3ª pers | बुबुधे | bubudhe | बुबुधाते | bubudhāte | बुबुधिरे | bubudhire |

Ci sono molte piccole irregolartità nella radice e nelle connessioni vocaliche di questo tempo, ma le desinenze e il raddoppio ne rendono facile il riconoscimento nei testi.
Il perfetto si usa per esprimere un'azione avvenuta in un periodo di tempo molto remoto o in un momento del quale colui che parla non fu testimone (Passato Remoto italiano).

# PARTICIPIO PERFETTO ATTIVO

Questo participio ha tre forme: forte, media e debole. La forma forte è *vāṁs,* che al nominativo singolare maschile diventa *vān* e al vocativo singolare è abbreviata in *van*. La forma media è *vat*. La forma debole è *uṣ*. La vocale d'unione *i*, se presente nei casi medi e forti, sparisce prima di *uṣ* nei casi deboli. La radicale *i* o *ī*, se preceduta da una consonante, diventa *y*, mentre la radicale *u* diventa sempre *v* davanti a *uṣ*, e la radicale *ṛ* diventa *r*:

| | | Forma Forte | | Forma Media | | Forma Debole | | |
|---|---|---|---|---|---|---|---|---|
| आद् | ād | आदिवांस् | ādivāṁs | आदिवत् | ādivat | आदुष् | āduṣ | avendo mangiato |
| कृ | kṛ | चकृवांस् | cakṛvāṁs | चकृवत् | cakṛvat | चक्रुष् | cakruṣ | avendo fatto |
| गम् | gam | जग्मिवांस् | jagmivāṁs | जग्मिवत् | jagmivat | जग्मुष् | jagmuṣ | essendo andato |
| तृ | tṛ | तितिर्वांस् | titirvāṁs | तितिर्वत् | titirvat | तितरुष् | titaruṣ | avendo attraversato |
| दा | dā | ददिवांस | dadivāṁs | ददिवत् | dadivat | ददुष् | daduṣ | avendo dato |
| दृश् | dṛś | ददृश्वांस् | dadṛśvāṁs | ददृश्वत् | dadṛśvat | ददृषुश् | dadṛṣuś | avendo visto |
| नी | nī | निनीवांस् | ninīvāṁs | निनीवत् | ninīvat | निन्युष् | ninyuṣ | avendo guidato |
| बुध् | budh | बुबुध्वांस् | bubudhvāṁs | बुबुध्वत् | bubudhvat | बुबुधुष् | bubudhuṣ | avendo conosciuto |
| यज् | yaj | ईजिवांस् | ījivāṁs | ईजिवत् | ījivat | ईजुष् | ījuṣ | avendo sacrificato |
| वद् | vad | ऊदिवांस् | ūdivāṁs | ऊदिवत् | ūdivat | ऊदुष् | ūduṣ | avendo parlato |
| वच् | vac | ऊचिवांस् | ūcivāṁs | ऊचिवत् | ūcivat | ऊचुष् | ūcuṣ | avendo parlato |

Questa che segue è una tabella dei casi Forti, Medi e Deboli:

| | Maschile | | | Neutro | | | Femminile | | |
|---|---|---|---|---|---|---|---|---|---|
| | Sing. | Duale | Plur. | Sing. | Duale | Plur. | Sing. | Duale | Plur. |
| Nom. | f. | f. | f. | m. | d. | f. | f. | f. | f. |
| Voc | f. | f. | f. | m. | d. | f. | f. | f. | f. |
| Acc. | f. | f. | d. | m. | d. | f. | f. | f. | d. |
| Strum. | d. | m. | m. | Come nel maschile | | | Come nel maschile | | |
| Dat. | d. | m. | m. | | | | | | |
| Abl. | d. | m. | m. | | | | | | |
| Gen. | d. | d. | d. | | | | | | |
| Loc. | d. | d. | m. | | | | | | |

## LA DECLINAZIONE DEL PARTICIPIO PERFETTO ATTIVO

विद् - vid – conoscere

Maschile

| | Singolare | | Duale | | Plurale | |
|---|---|---|---|---|---|---|
| Nom. | विद्वान् | vidvān | विद्वांसौ | vidvāṁsau | विद्वांसः | vidvāṁsaḥ |
| Voc. | विद्वन् | vidvan | विद्वांसौ | vidvāṁsau | विद्वांसः | vidvāṁsaḥ |
| Acc. | विद्वांसम् | vidvāṁsam | विद्वांसौ | vidvāṁsau | विदुषः | viduṣaḥ |
| Strum. | विदुषा | viduṣā | विद्वभ्याम् | vidvabhyām | विद्वभिः | vidvabhiḥ |
| Dat. | विदुषे | viduṣe | विद्वभ्याम् | vidvabhyām | विद्वभ्यः | vidvabhyaḥ |
| Abl. | विदुषः | viduṣaḥ | विद्वभ्याम् | vidvabhyām | विद्वभ्यः | vidvabhyaḥ |
| Gen. | विदुषः | viduṣaḥ | विदुषोः | viduṣoḥ | विदुषाम् | viduṣām |
| Loc. | विदुषि | viduṣi | विदुषोः | viduṣoḥ | विद्वत्सु | vidvatsu |

Neutro

L'uso di questo participio è molto limitato

| | Singolare | | Duale | | Plurale | |
|---|---|---|---|---|---|---|
| Nom. | विद्वत् | vidvat | विदुषी | viduṣī | विद्वांसि | vidvāṁsi |
| Voc. | विद्वत् | vidvat | विदुषी | viduṣī | विद्वांसि | vidvāṁsi |
| Acc. | विद्वत् | vidvat | विदुषी | viduṣī | विद्वांसि | vidvāṁsi |

Gli altri casi sono identici a quelli del Maschile.

Femminile

Il femminile si forma aggiungendo una *ī* alla forma debole della desinenza, così: *viduṣī*; poi segue la declinazione di *nadī* (vedi Appendice I).

| | Singolare | | Duale | | Plurale | |
|---|---|---|---|---|---|---|
| Nom. | विदुषी | viduṣī | विदुष्यौ | viduṣyau | विदुष्यः | viduṣyaḥ |
| Voc. | विदुषि | viduṣi | विदुष्यौ | viduṣyau | विदुष्यः | viduṣyaḥ |
| Acc. | विदुषीम् | viduṣīm | विदुष्यौ | viduṣyau | विदुषीः | viduṣīḥ |
| Strum. | विदुष्या | viduṣyā | विदुषीभ्याम् | viduṣībhyām | विदुषीभिः | viduṣībhiḥ |
| Dat. | विदुष्यै | viduṣyai | विदुषीभ्याम् | viduṣībhyām | विदुषीभ्यः | viduṣībhyaḥ |
| Abl. | विदुष्याः | viduṣyāḥ | विदुषीभ्याम् | viduṣībhyām | विदुषीभ्यः | viduṣībhyaḥ |
| Gen. | विदुष्याः | viduṣyāḥ | विदुष्योः | viduṣyoḥ | विदुषीणाम् | viduṣīṇām |
| Loc. | विदुष्याम् | viduṣyām | विदुष्योः | viduṣyoḥ | विदुषीषु | viduṣīṣu |

## CONIUGAZIONI SECONDARIE: FORMA ED USO

### CAUSATIVO

Dalla maggior parte delle radici verbali può esser formata una radice Causativa alla quale vengono aggiunte le desinenze della coniugazione. La radice Causativa si forma generalmente aggiungendo *aya* ad una forma rafforzata della radice originale, la quale viene poi coniugata come un verbo della classe A-4. La forma Causativa implica che una persona od una cosa causa o induce ad eseguire un'azione o ad essere nella condizione indicata dalla radice. Talvolta è anche usata per convertire un verbo intransitivo in verbo transitivo.

| | | | | | |
|---|---|---|---|---|---|
| विद् | vid | conoscere | वेदयति | vedayati | (egli) induce a conoscere – informa |
| स्था | sthā | stare | स्थापयति | sthāpayati | (egli) induce a stare - ferma |
| मृ | mṛ | morire | मारयति | mārayati | (egli) induce a morire – uccide |

### DESIDERATIVO

Qualsiasi radice può avere una forma Desiderativa che, al pari della base Causativa, viene coniugata come un verbo della classe A-4. Il Desiderativo esprime la nozione che una persona od una cosa desidera o è in procinto di eseguire un'azione oppure si trova nella condizione significata dal verbo.

| | | | | | |
|---|---|---|---|---|---|
| पठ् | paṭh | studiare | पिपठिषति | pipaṭhiṣati | (egli) desidera studiare |
| आप् | āp | ottenere | ईप्सति | īpsati | (egli) desidera ottenere |
| मृ | mṛ | morire | मुमूर्षति | mumūrṣati | (egli) desidera morire |

### INTENSIVO

La forma Intensiva del verbo può derivare da qualsiasi radice verbale monosillabica che inizia con consonante, eccetto quelle della classe A-4. Detta forma Intensiva si usa per significare "l'intensità dell'azione indicata dal verbo" dal quale deriva. Esistono due generi di basi Intensive provenienti dalla radice; ambedue vengono formate mediante un peculiare raddoppiamento della radice, ma in una l'affisso *ya* viene aggiunto prima del raddoppiamento di questa e si coniuga soltanto nella Voce Media; nell'altro l'affisso *ya* cade e la base si coniuga soltanto nella Voce Attiva.

| | | | | | |
|---|---|---|---|---|---|
| भिद् | bhid | tagliare | बेभिद्यते | bebhidyate | (egli) taglia ripetutamente |
| धू | dhū | agitare | दोधूयते | dodhūyate | (egli) si agita violentemente |
| विद् | vid | conoscere | वेविद्यते | vevidyate | (egli) conosce molto bene |

| | | | | | |
|---|---|---|---|---|---|
| विद् | vid | conoscere | वेवेत्ति | vevetti | (egli) conosce molto bene |
| दीव् | dīv | risplendere | देदेति | dedeti | (egli) risplende vivacemente |

PERFETTO PERIFRASISTICO

Il Perfetto perifrasistico si forma aggiungendo *ām* ad una forma *guṇata* della radice e poi aggiungendo le forme raddoppiate del Perfetto di *kṛ* o *as* o *bhū*. Quando vengono aggiunte le forme di *kṛ*, una radice Attiva assume le forme Attive del Perfetto di *kṛ* ed una radice Media ne assume le forme Medie. Questa forma si applica per lo più per i Causativi:

| | | | | | |
|---|---|---|---|---|---|
| | | | आसाञ्चक्रे | āsāñcakre | |
| आस् | ās | sedere | आसामास | āsāmāsa | (egli) "si sedette" o "si è seduto" |
| | | | आसाम्बभूव | āsāmbabhūva | |

IL LOCATIVO ED IL GENITIVO ASSOLUTI

Quando il participio si accorda con un soggetto differente dal soggetto del verbo, la frase si dice sia nella costruzione Assoluta. L'espressione Assoluta è distaccata dalla struttura generale della frase in cui è posta: "essendo il vento favorevole, la nave salpò". Il caso Assoluto differisce nelle differenti lingue. In Inglese corrisponde al Nominativo, in Italiano e Latino all'Ablativo ed in Sanscrito al Genitivo o al Locativo. La costruzione Assoluta può essere usata quando si trova che il nominativo della frase subordinata non è il *sostantivo-soggetto* presente nella frase principale o un pronome che lo rappresenta. Il suo soggetto non è neppure il soggetto della clausola principale: "la nave salpò". Nella frase "Rāma, dopo aver preso Laṅkā ritornò ad Ayodhyā", non c'è nessuna clausola assoluta perché il soggetto del verbo, sia della proposizione dipendente che di quella principale, corrisponde sempre alla stessa persona. Dunque questa frase può essere tradotta con un participio congiuntivo: लङ्कां गृहित्वा रामोऽयोध्यां निववृते laṅkāṁ gṛhitvā rāmo'yodhyāṁ nivavṛte. Ma nella frase "Rāma, dopo che le scimmie avevano preso Laṅkā, ritornò ad Ayodhyā", abbiamo due traduzioni possibili:

कपिभिर्गृहितायां लङ्कायां रामोऽयोध्यां निववृते

kapibhirgṛhitāyāṁ laṅkāyāṁ rāmo'yodhyāṁ nivavṛte

oppure

कपिषु लङ्कां गृहीतवत्सु रामोऽयोध्यां निववृते

kapiṣu laṅkāṁ gṛhītavatsu rāmo'yodhyāṁ nivavṛte

Nella prima traduzione abbiamo la Clausola Assoluta "Laṅkā presa dalle scimmie" (*Laṅkā* e *presa* sono ambedue al Locativo Femminile Singolare). Nella seconda traduzione, invece, la Clausola Assoluta è "Quando le scimmie ebbero preso Laṅkā". Quì *kapi* ed *ebbero preso* sono al Locativo Maschile Plurale. Nella prima frase è stato usato il Participio Passato Passivo, nella seconda il Participio Passato Attivo.

Esempi del Genitivo Assoluto

"Gli uomini furono uccisi malgrado Rāma li stesse guardando" Questa frase viene tradotta così:

नराः पश्यतो रामस्य हताः narāḥ paśyato rāmasya hatāḥ

*Rāma* e *stesse guardando* sono al Genitivo Maschile Singolare.

Per formare questi Assoluti il soggetto della clausola subordinata deve esser messo al Genitivo o al Locativo ed il participio usato in accordo al genere e al numero. Si noti che se l'azione della clausola Assoluta precede quella dell'azione nella clausola principale si usa il Participio Passato Passivo se il verbo è passivo, si usa il Participio Passato Attivo se il verbo è Attivo. Comunque se l'azione espressa dalla clausola Assoluta è contemporanea all'azione espressa dalla seconda clausola si usa il Participio Presente Passivo se il verbo è passivo, il Participio Presente Attivo se il verbo è attivo ed il Participio Presente Medio se il verbo è medio.

Il Genitivo ed il Locativo Assoluti sono spesso usati per esprimere clausole che in Italiano vengono introdotte da avverbi come *quando*, *mentre*, ecc. Quando il participio di una costruzione Assoluta è "essendo", questo, in Sanscrito, viene omesso e i due sostantivi o il sostantivo e l'aggettivo vengono messi assieme nel Caso Assoluto:

त्वयि राज्ञि सुखेन जीवामः tvayi rājñi sukhena jīvāmaḥ Essendo Tu re, viviamo felicemente

## REVISIONE V

1. Spiegare l'uso della Voce Media. Quali sono i Verbi Medi Deponenti? Dare esempi.
2. Qual'è la similarità tra la forma passiva dei verbi ed i verbi della Classe A-4?
3. Dare le caratteristiche delle dieci coniugazioni.
4. Elencare e descrivere i composti che sono stati trattati. Dare esempi.
5. Scrivere le desinenze delle declinazioni e delle coniugazioni.
6. Come le declinazioni del Participio Presente e dell'indefinito Participio Passato Attivo differiscono dalle desinenze standard?
7. Come si formano l'Attivo, il Medio ed il Passivo del Participio Presente nei verbi delle classi A e Non-A?
8. Come si formano il Perfetto Attivo ed il Participio medio?
9. Come si formano e declinano i tre Participi Passivi Futuri? Qual'è il loro uso specifico?
10. Dare la declinazione completa, nella forma scomposta, al singolare, duale e plurale degli aggettivi che seguono con i sostantivi che modificano, portando particolare attenzione al genere e alle regole del Saṁdhi:

| | | | |
|---|---|---|---|
| अल्प अन्न | alpa anna (n.) | साधु ऋषि | sādhu ṛṣi (m.) |
| नव चन्द्र | nava candra (m.) | साधु रथ | sādhu ratha (m.) |
| स्थिरा शक्ति | sthirā śakti (f.) | प्रिया मातृ | priyā mātṛ (f.) |
| सुन्दरा इच्छा | sundarā icchā (f.) | शुक्ल अश्व | śukla aśva (m.) |

## ESERCIZIO DI REVISIONE V

Tradurre in italiano:

एतस्मिन्नारामे देवाञ्श्रयन्ति । १ ।

विद्याहीनाः पुत्राः ग्रामांस्त्यक्ष्यन्तीति पतिर्वदति । २ ।

क्रोधं त्यक्त्वा भक्तो धर्मेण नराञ्जिगाय । ३ ।

देवनरा मृत्वैतां लोकांश्चरन्ति । ४ । - लोक - loka (m.) mondo

नराः पुराणे रथे पर्वतांश्चचार । ५ ।

शत्रुर्ग्रामांस्त्यक्त्वा पर्वतांश्चचार । ६ ।

यदि पान्थो व्याघ्राञ्शृगालांश्च द्रक्ष्यति तर्हि वनं त्यक्ष्यति । ७ ।

सिंहस्य वने भ्रमतः सूर्योऽशोभत । ८ ।

अप्रियान्यपि कुर्वाणो यः प्रियः प्रिय एव न सः । ९ ।

भक्तः क्रोध्यमानोऽपि प्रियं ब्रुयात्। १०। - क्रुध् - krudh essere in collera

चौरश्चिन्तितवान् केनोपायेन एतेषां नराणां धनं लभे। ११। - लभ् - labh ottenere

शृगालो मन्दं मन्दं गत्वा प्रणम्य सिंहस्याग्रे स्थितः। १२।

शिष्या गुरुमापृच्छ्य प्रचलताः। १३।

Tradurre in sanscrito:

1 Il discepolo venne per vedere Rāma.
2 Il figlio del saggio parlò all'insegnante e gli rese onore.
3 Molti alberi nella foresta variegata furono distrutti.
4 Attraversammo l'oceano con la nave.
5 Saluti a Kṛṣṇa! Benessere all'insegnante!
6 Non fare in questo modo. Fai così.
7 Noi dovremmo vedere le scritture.
8 Alzati, vinci il nemico.

FRASI PER ESERCITARE LA MEMORIA

धने ममत्वं न कर्तव्यम्। १।

1) Non bisogna attaccarsi alla ricchezza.

सत्यं हृदयेषु मृगयन्ते। २।

2) Loro cercano la Verità nei loro cuori.

पापा नराः स्वर्गं न लभन्ते। ३।

3) Gli uomini cattivi non raggiungono il Cielo.

सत्येन जयेदनृतम्। ४।

4) Si dovrebbe vincere la falsità con la Verità.

सन्ध्ययोर्ऋषयो देवान्नमन्ति। ५।

5) Al tramonto i Veggenti onorano gli Dei.

विद्या सर्वत्र पूज्यते। ६।

6) La verità è onorata ovunque.

सत्येन जनानां सुखं भवति। ७।

7) La felicità degli uomini viene attraverso la Verità.

पुरुषेणोद्यमो न त्याज्यः । ८ ।

8) Un uomo non deve mai abbandonare lo sforzo.

साधवः प्रतिज्ञाया न चलन्ति कदाचन । ९ ।

9) Gli uomini buoni non deviano mai da una promessa.

मुक्तिमिच्छसि चेद् विषमिव विषयांस्त्यज । १० ।

10) Se vuoi la liberazione, abbandona come veleno gli oggetti dei sensi.

यत्यधो व्रजत्युच्चैर्नरः स्वैरेव कर्मभिः । ११ ।

11) Un uomo sale o scende in accordo alle sue azioni.

नीचो वदति न कुरुते वदति न साधुः करोत्येव । १२ ।

12) Un uomo cattivo parla e non agisce, un uomo buono non parla ma agisce.

मुनिः क्रोध्यमानोऽपि प्रियं ब्रूयात् । १३ ।

13) Un saggio dovrebbe parlate gentilmente anche quando è in collera.

मित्र क्षम्यतां मया तेऽपराधः कृतः । १४ ।

14) Amico, possa l'offesa che ti ho portato essere perdonata.

शीलं नरस्य भूषणम् । १५ ।

15) La virtù è l'ornamento dell'uomo.

आपत्सु न सम्पत्सु महतां शक्तिरभिव्यज्यते । १६ ।

16) Il potere del grande è mostrato nelle sfortune, non nella fortuna.

नष्टं मृतमतिक्रान्तं नानुशोचन्ति पण्डिताः ।
पण्डितानां च मूर्चाणां विशेषोऽयं यतः स्मृतः । १७ ।

17) Il saggio non si addolora per colui che è perduto, morto o andato;
questa è la differenza tra il folle ed il saggio, dice la tradizione.

नमन्ति फलिनो वृक्षा नमन्ति गुणिनो जनाः ।
शुष्ककष्ठं च मूर्खश्च भिद्यते न च नम्यते । १८ ।

18) Gli alberi con frutta si piegano, gli uomini virtuosi si piegano;
ma il legno secco ed il folle si rompono e non si piegano.

यः प्रसन्नेन मनसा भाषते करोति वा तं सुखमन्वेति च्छायेव ।
यः प्रदोषेण मनसा भाषते करोति वा तं दुःखमन्वेति चक्रं यथा वाहनम् । १९ ।

19) Colui che parla o agisce con cuore puro, la felicità lo segue come un'ombra;
colui che parla o agisce con cuore cattivo, il dolore lo segue come la ruota di un veicolo.

उपकर्तुम्प्रियं वक्तुं स्नेहं कर्तुं सज्जनानां स्वभाव । २० ।

20) Il carattere di un uomo buono è fare il bene, parlare gentilmente e mostrare affetto.

## APPENDICE I

### Nomi ed Aggettivi

### IL SISTEMA NORMALE DELLE DESINENZE

| | Singolare | | | Duale | | | Plurale | | |
|---|---|---|---|---|---|---|---|---|---|
| | m. | f. | n. | m. | f. | n. | m. | f. | n. |
| Nom. | ḥ | ḥ | ---- | au | au | ī | aḥ | aḥ | i |
| Acc. | am | am | ---- | au | au | ī | aḥ | aḥ | i |
| Strum. | | ā | | | bhyām | | | bhiḥ | |
| Dat. | | e | | | " | | | bhyaḥ | |
| Abl. | | aḥ | | | " | | | " | |
| Gen. | | aḥ | | | oḥ | | | ām | |
| Loc. | | i | | | oḥ | | | su | |

### DESINENZE DEI SOSTANTIVI MASCHILI TERMINANTI IN "a"

| | Singolare | Duale | Plurale |
|---|---|---|---|
| Nom. | dev-aḥ | dev-au | dev-āḥ |
| Voc. | a | au | āḥ |
| Acc.. | am | au | ān |
| Strum. | ena | ābhyām | aiḥ |
| Dat. | āya | ābhyām | ebhyaḥ |
| Abl. | āt | ābhyām | ebhyaḥ |
| Gen. | asya | ayoḥ | ānām |
| Loc. | e | ayoḥ | eṣu |

### DESINENZE DEI SOSTANTIVI NEUTRI TERMINANTI IN "a"

Questi differiscono dal maschile soltanto nei casi che seguono:

| | Singolare | Duale | Plurale |
|---|---|---|---|
| Nom. | van-am | van-e | van-āni |
| Voc. | a | e | āni |
| Acc.. | am | e | āni |

## DECLINAZIONE DEI SOSTANTIVI TERMINANTI IN "i"

(masc.: kavi, poeta; fem.: buddhi, intelligenza; neutro: vāri, acqua)

| | | | |
|---|---|---|---|
| | | SINGOLARE | |
| Nom. | kaviḥ | buddhiḥ | vāri |
| Voc. | kave | buddhe | vāri - vāre |
| Acc.. | kavim | buddhim | vāri |
| Strum. | kavinā | buddhyā | vāriṇā |
| Dat. | kavaye | buddhaye - buddhyai | vāriṇe |
| Abl. | kaveḥ | buddheḥ - buddhyāḥ | vāriṇaḥ |
| Gen. | kaveḥ | buddheḥ - buddhyāḥ | vāriṇaḥ |
| Loc. | kavau | buddhau - buddhyām | vāriṇi |
| | | DUALE | |
| Nom. | kavi | buddhī | vāriṇī |
| Voc. | kavi | buddhī | vāriṇī |
| Acc.. | kavi | buddhī | vāriṇī |
| Strum. | kavibhyām | buddhibhyām | vāribhyām |
| Dat. | kavibhyām | buddhibhyām | vāribhyām |
| Abl. | kavibhyām | buddhibhyām | vāribhyām |
| Gen. | kavyoḥ | buddhyoḥ | vāriṇoḥ |
| Loc. | kavyoḥ | buddhyoḥ | vāriṇoḥ |
| | | PLURALE | |
| Nom. | kavayaḥ | buddhayaḥ | vāriṇi |
| Voc. | kavayaḥ | buddhayaḥ | vāriṇi |
| Acc.. | kavīn | buddhīḥ | vāriṇi |
| Strum. | kavibhiḥ | buddhibhiḥ | vāribhiḥ |
| Dat. | kavibhyaḥ | buddhibhyaḥ | vāribhyaḥ |
| Abl. | kavibhyaḥ | buddhibhyaḥ | vāribhyaḥ |
| Gen. | kavīnām | buddhīnām | vārīṇām |
| Loc. | kaviṣu | buddhiṣu | vāriṣu |

## DECLINAZIONE DEI SOSTANTIVI TERMINANTI IN "u"

(masc.: guru, maestro; fem.: dhenu, mucca; neutro: madhu, miele)

| | | SINGOLARE | |
|---|---|---|---|
| Nom. | guruḥ | dhenuḥ | madhu |
| Voc. | guro | dheno | madhu - madho |
| Acc.. | gurum | dhenum | madhu |
| Strum. | guruṇā | dhenvā | madhunā |
| Dat. | gurave | dhenave - dhenvai | madhune |
| Abl. | guroḥ | dhenoḥ - dhenvāḥ | madhunaḥ |
| Gen. | guroḥ | dhenoḥ - dhenvāḥ | madhunaḥ |
| Loc. | gurau | dhenau - dhenvām | madhuni |
| | | DUALE | |
| Nom. | gurū | dhenū | madhunī |
| Voc. | gurū | dhenū | madhunī |
| Acc.. | gurū | dhenū | madhunī |
| Strum. | gurubhyām | dhenubhyām | madhubhyām |
| Dat. | gurubhyām | dhenubhyām | madhubhyām |
| Abl. | gurubhyām | dhenubhyām | madhubhyām |
| Gen. | gurvoḥ | dhenvoḥ | madhunoḥ |
| Loc. | gurvoḥ | dhenvoḥ | madhunoḥ |
| | | PLURALE | |
| Nom. | guravaḥ | dhenavaḥ | madhūni |
| Voc. | guravaḥ | dhenavaḥ | madhūni |
| Acc.. | gurūn | dhenūḥ | madhūni |
| Strum. | gurubhiḥ | dhenubhiḥ | madhubhiḥ |
| Dat. | gurubhyaḥ | dhenubhyaḥ | madhubhyaḥ |
| Abl. | gurubhyaḥ | dhenubhyaḥ | madhubhyaḥ |
| Gen. | gurūṇām | dhenūnām | madhūnām |
| Loc. | guruṣu | dhenuṣu | madhuṣu |

## DECLINAZIONE DEI SOSTANTIVI FEMMINILI TERMINANTI IN "ā, ī, ū"

(kanyā, ragazza; nadī, fiume; vadhu, moglie)

| | | | |
|---|---|---|---|
| | | SINGOLARE | |
| Nom. | kanyā | nadī | vadhūḥ |
| Voc. | kanye | nadi | vadhu |
| Acc.. | kanyām | nadīm | vadhūm |
| Strum. | kanyayā | nadyā | vadhvā |
| Dat. | kanyāyai | nadyai | vadhvai |
| Abl. | kanyāyāḥ | nadyāḥ | vadhvāḥ |
| Gen. | kanyāyāḥ | nadyāḥ | vadhvāḥ |
| Loc. | kanyāyām | nadyām | vadhvām |
| | | DUALE | |
| Nom. | kanye | nadyau | vadhvau |
| Voc. | kanye | nadyau | vadhvau |
| Acc.. | kanye | nadyau | vadhvau |
| Strum. | kanyābhyām | nadībhyām | vadhūbhyām |
| Dat. | kanyābhyām | nadībhyām | vadhūbhyām |
| Abl. | kanyābhyām | nadībhyām | vadhūbhyām |
| Gen. | kanyayoḥ | nadyoḥ | vadhvoḥ |
| Loc. | kanyayoḥ | nadyoḥ | vadhvoḥ |
| | | PLURALE | |
| Nom. | kanyāḥ | nadyaḥ | vadhvaḥ |
| Voc. | kanyāḥ | nadyaḥ | vadhvaḥ |
| Acc.. | kanyāḥ | nadīḥ | vadhūḥ |
| Strum. | kanyābhiḥ | nadībhiḥ | vadhūbhiḥ |
| Dat. | kanyābhyaḥ | nadībhyaḥ | vadhūbhyaḥ |
| Abl. | kanyābhyaḥ | nadībhyaḥ | vadhūbhyaḥ |
| Gen. | kanyānām | nadīnām | vadhūnām |
| Loc. | kanyāsu | nadīṣu | vadhūṣu |

DECLINAZIONE DEI SOSTANTIVI MONOSILLABICI TERMINANTI IN "ī, ū, ṛ"

(sostantivi femminili: śrī, fortuna; bhū, terra; gir, discorso)

| | | | |
|---|---|---|---|
| | | SINGOLARE | |
| Nom. | śrīḥ | bhūḥ | gīr (gīḥ) |
| Voc. | śrīḥ | bhūḥ | gir (giḥ) |
| Acc.. | śriyam | bhuvam | giram |
| Strum. | śriyā | bhuvā | girā |
| Dat. | śriye, śriyai | bhuve, bhuvai | gire |
| Abl. | śriyaḥ, śriyāḥ | bhuvaḥ, bhuvāḥ | giraḥ |
| Gen. | śriyaḥ, śriyāḥ | bhuvaḥ, bhuvāḥ | giraḥ |
| Loc. | śriyi, śriyām | bhuvi, bhuvām | giri |
| | | DUALE | |
| Nom. | śriyau | bhuvau | girau |
| Voc. | śriyau | bhuvau | girau |
| Acc.. | śriyau | bhuvau | girau |
| Strum. | śrībhyām | bhūbhyām | gīrbhyām |
| Dat. | śrībhyām | bhūbhyām | gīrbhyām |
| Abl. | śrībhyām | bhūbhyām | gīrbhyām |
| Gen. | śriyoḥ | bhuvoḥ | giroḥ |
| Loc. | śriyoḥ | bhuvoḥ | giroḥ |
| | | PLURALE | |
| Nom. | śriyaḥ | bhuvaḥ | giraḥ |
| Voc. | śriyaḥ | bhuvaḥ | giraḥ |
| Acc.. | śriyaḥ | bhuvaḥ | giraḥ |
| Strum. | śrībhiḥ | bhūbhiḥ | gīrbhiḥ |
| Dat. | śrībhyaḥ | bhūbhyaḥ | gīrbhyaḥ |
| Abl. | śrībhyaḥ | bhūbhyaḥ | gīrbhyaḥ |
| Gen. | śriyām, śrīṇām | bhuvām, bhūnām | girām |
| Loc. | śrīṣu | bhūṣu | gīrṣu |

DECLINAZIONE DEI SOSTANTIVI TERMINANTI IN "ṛ"

(masc.: pitṛ, padre; fem.: mātṛ, madre; masc.; dātṛ, datore)

| | | | |
|---|---|---|---|
| | | SINGOLARE | |
| Nom. | pitā | mātā | dātā |
| Voc. | pitar | mātar | dātar |
| Acc.. | pitaram | mātaram | dātaram |
| Strum. | pitrā | mātrā | dātrā |
| Dat. | pitre | mātre | dātre |
| Abl. | pitur | mātur | dātur |
| Gen. | pitur | mātur | dātur |
| Loc. | pitari | mātari | dātari |
| | | DUALE | |
| Nom. | pitarau | mātarau | dātārau |
| Voc. | pitarau | mātarau | dātārau |
| Acc.. | pitarau | mātarau | dātārau |
| Strum. | pitṛbhyām | mātṛbhyām | dātṛbhyām |
| Dat. | pitṛbhyām | mātṛbhyām | dātṛbhyām |
| Abl. | pitṛbhyām | mātṛbhyām | dātṛbhyām |
| Gen. | pitroḥ | mātroḥ | dātroḥ |
| Loc. | pitroḥ | mātroḥ | dātroḥ |
| | | PLURALE | |
| Nom. | pitaraḥ | mātaraḥ | dātāraḥ |
| Voc. | pitaraḥ | mātaraḥ | dātāraḥ |
| Acc.. | pitṝn | mātṝḥ | dātṝn |
| Strum. | pitṛbhiḥ | mātṛbhiḥ | dātṛbhiḥ |
| Dat. | pitṛbhyaḥ | mātṛbhyaḥ | dātṛbhyaḥ |
| Abl. | pitṛbhyaḥ | mātṛbhyaḥ | dātṛbhyaḥ |
| Gen. | pitṝṇām | mātṝṇām | dātṝṇām |
| Loc. | pitṛṣu | mātṛṣu | dātṛṣu |

## DECLINAZIONE DEI DITTONGHI

(fem..: nau, nave; masc. o fem.: go, toro o mucca)

| | | |
|---|---|---|
| | SINGOLARE | |
| Nom. | nauḥ | gauḥ |
| Voc. | nauḥ | gauḥ |
| Acc.. | nāvam | gām |
| Strum. | nāvā | gavā |
| Dat. | nāve | gave |
| Abl. | nāvaḥ | goḥ |
| Gen. | nāvaḥ | goḥ |
| Loc. | nāvi | gavi |
| | DUALE | |
| Nom. | nāvau | gāvau |
| Voc. | nāvau | gāvau |
| Acc.. | nāvau | gāvau |
| Strum. | naubhyām | gobhyām |
| Dat. | naubhyām | gobhyām |
| Abl. | naubhyām | gobhyām |
| Gen. | nāvoḥ | gavoḥ |
| Loc. | nāvoḥ | gavoḥ |
| | PLURALE | |
| Nom. | nāvaḥ | gāvaḥ |
| Voc. | nāvaḥ | gāvaḥ |
| Acc.. | nāvaḥ | gāḥ |
| Strum. | naubhiḥ | gobhiḥ |
| Dat. | naubhyaḥ | gobhyaḥ |
| Abl. | naubhyaḥ | gobhyaḥ |
| Gen. | nāvām | gavām |
| Loc. | nauṣu | goṣu |

## DECLINAZIONE DEI SOSTANTIVI TERMINANTI IN CONSONANTE

(masc..: marut, vento; fem.: vāc, voce)

| | | |
|---|---|---|
| | SINGOLARE | |
| Nom. | marut | vāk |
| Voc. | marut | vāk |
| Acc.. | marutam | vācam |
| Strum. | marutā | vācā |
| Dat. | marute | vāce |
| Abl. | marutaḥ | vācaḥ |
| Gen. | marutaḥ | vācaḥ |
| Loc. | maruti | vāci |
| | DUALE | |
| Nom. | marutau | vācau |
| Voc. | marutau | vācau |
| Acc.. | marutau | vācau |
| Strum. | marudbhyām | vāgbhyām |
| Dat. | marudbhyām | vāgbhyām |
| Abl. | marudbhyām | vāgbhyām |
| Gen. | marutoḥ | vācoḥ |
| Loc. | marutoḥ | vācoḥ |
| | PLURALE | |
| Nom. | marutaḥ | vācaḥ |
| Voc. | marutaḥ | vācaḥ |
| Acc.. | marutaḥ | vācaḥ |
| Strum. | marudbhiḥ | vāgbhiḥ |
| Dat. | marudbhyaḥ | vāgbhyaḥ |
| Abl. | marudbhyaḥ | vāgbhyaḥ |
| Gen. | marutām | vācām |
| Loc. | marutsu | vākṣu |

La parola femminile *vidyut* si declina come *marut*. In questa declinazione non c'è differenza tra il maschile ed il femminile.

DECLINAZIONE DEI SOSTANTIVI TERMINANTI IN CONSONANTE (segue)

(masc.: rājan, re; ātman, sé; neutro: nāman, nome)

| | | | |
|---|---|---|---|
| | | SINGOLARE | |
| Nom. | rājā | ātmā | nāma |
| Voc. | rājan | ātman | nāman. nāma |
| Acc.. | rājānam | ātmānam | nāma |
| Strum. | rājñā | ātmanā | nāmnā |
| Dat. | rājñe | ātmane | nāmne |
| Abl. | rājñaḥ | ātmanaḥ | nāmnaḥ |
| Gen. | rājñaḥ | ātmanaḥ | nāmnaḥ |
| Loc. | rājñi, rājani | ātmani | nāmni, nāmani |
| | | DUALE | |
| Nom. | rājānau | ātmānau | nāmnī, nāmani |
| Voc. | rājānau | ātmānau | nāmnī, nāmani |
| Acc.. | rājānau | ātmānau | nāmnī, nāmani |
| Strum. | rājabhyām | ātmabhyām | nāmabhyām |
| Dat. | rājabhyām | ātmabhyām | nāmabhyām |
| Abl. | rājabhyām | ātmabhyām | nāmabhyām |
| Gen. | rājñoḥ | ātmanoḥ | nāmnoḥ |
| Loc. | rājñoḥ | ātmanoḥ | nāmnoḥ |
| | | PLURALE | |
| Nom. | rājānaḥ | ātmānaḥ | nāmāni |
| Voc. | rājānaḥ | ātmānaḥ | nāmāni |
| Acc.. | rājñaḥ | ātmanaḥ | nāmāni |
| Strum. | rājabhiḥ | ātmabhiḥ | nāmabhiḥ |
| Dat. | rājabhyaḥ | ātmabhyaḥ | nāmabhyaḥ |
| Abl. | rājabhyaḥ | ātmabhyaḥ | nāmabhyaḥ |
| Gen. | rājñām | ātmanām | nāmnām |
| Loc. | rājasu | ātmasu | nāmasu |

## DECLINAZIONE DEI SOSTANTIVI TERMINANTI IN "in"

(masc.: hastin, elefante)

| | SINGOLARE | DUALE | PLURALE |
|---|---|---|---|
| Nom. | hastī | hastīnau | hastinaḥ |
| Voc. | hastin | hastīnau | hastinaḥ |
| Acc.. | hastinam | hastīnau | hastinaḥ |
| Strum. | hastinā | hastibhyām | hastibhiḥ |
| Dat. | hastine | hastibhyām | hastibhyaḥ |
| Abl. | hastinaḥ | hastibhyām | hastibhyaḥ |
| Gen. | hastinaḥ | hastinoḥ | hastinām |
| Loc. | hastini | hastinoḥ | hastiṣu |

## DECLINAZIONE DEGLI AGGETTIVI TERMINANTI IN "vant (vat)" o "mant (mat)"

(bhagavant -masc., onorevole)

| | SINGOLARE | DUALE | PLURALE |
|---|---|---|---|
| Nom. | bhagavān | bhagavantau | bhagavantaḥ |
| Voc. | bhagavan | bhagavantau | bhagavantaḥ |
| Acc.. | bhagavantam | bhagavantau | bhagavataḥ |
| Strum. | bhagavatā | bhagavadbhyām | bhagavadbhiḥ |
| Dat. | bhagavate | bhagavadbhyām | bhagavadbhyaḥ |
| Abl. | bhagavataḥ | bhagavadbhyām | bhagavadbhyaḥ |
| Gen. | bhagavataḥ | bhagavatoḥ | bhagavatām |
| Loc. | bhagavati | bhagavatoḥ | bhagavatsu |

La forma neutra dell'aggettivo *bhagavant* è *bhagavat*, e si declina come la forma maschile appena vista, eccetto che per il Nominativo, Vocativo ed Accusativo, singolari, duali e plurali:

(bhagavat - neutro, onorevole)

| | SINGOLARE | DUALE | PLURALE |
|---|---|---|---|
| Nom. | bhagavat | bhagavantī / bhagavatī | bhagavanti |
| Voc. | bhagavat | bhagavantī / bhagavatī | bhagavanti |
| Acc.. | bhagavat | bhagavantī / bhagavatī | bhagavati |

La forma femminile di questo aggettivo è *bhagavantī*, e si declina come il sostantivo *nadī*.

## DECLINAZIONE DEL PARTICIPIO PRESENTE TERMINANTE IN "ant"

Il Participio Presente terminante in *-ant* come *bhavant*, "diventando" viene declinato esattamente come l'aggettivo *bhagavant*, eccetto che al Nominativo Singolare Maschile in cui la desinenza "*ān*" viene cambiata in "*an*". Il Neutro ed il Femminile si formano invece come i loro corrispondenti in "*bhagavant*".

## DECLINAZIONE DEGLI AGGETTIVI IN "**a, ā ed am** "

(pāpa, cattivo – singolare)

| | MASCHILE | NEUTRO | FEMMINILE |
|---|---|---|---|
| Nom. | pāpaḥ | pāpam | pāpā |
| Voc. | pāpa | | pāpe |
| Acc.. | pāpam | | pāpām |
| Strum. | pāpena | | pāpayā |
| Dat. | pāpāya | | pāpāyai |
| Abl. | pāpāt | | pāpāyāḥ |
| Gen. | pāpasya | | pāpāyāḥ |
| Loc. | pāpe | | pāpāyām |

(pāpa, cattivo – duale)

| | MASCHILE | NEUTRO | FEMMINILE |
|---|---|---|---|
| Nom. | pāpau | pāpe | pāpe |
| Voc. | pāpau | pāpe | pāpe |
| Acc.. | pāpau | pāpe | pāpe |
| Strum. | | pāpābhyām | |
| Dat. | | pāpābhyām | |
| Abl. | | pāpābhyām | |
| Gen. | | pāpayoḥ | |
| Loc. | | pāpayoḥ | |

Si noti, nella declinazione che precede, come questa si differenzi per il Maschile, Neutro e Femminile soltanto nei casi Nominativo, Vocativo ed Accusativo, mentre nei casi rimanenti cade ogni differenza fra i tre generi.
Ecco, a seguire, la declinazione del plurale:

(pāpa, cattivo – plurale)

| | MASCHILE | NEUTRO | FEMMINILE |
|---|---|---|---|
| Nom. | pāpāḥ | pāpāni | pāpāḥ |
| Voc. | pāpāḥ | pāpāni | pāpāḥ |
| Acc.. | pāpān | pāpāni | pāpāḥ |
| Strum. | pāpaiḥ | | pāpābhiḥ |
| Dat. | pāpebhyaḥ | | pāpābhyaḥ |
| Abl. | pāpebhyaḥ | | pāpābhyaḥ |
| Gen. | pāpānām | | pāpānām |
| Loc. | pāpeṣu | | pāpāsu |

# APPENDICE II

# VERBI

DESINENZE PRIMARIE:

PRESENTE

| | PARASMAIPADA – ATTIVO | | | ATMANEPADA - PASSIVO | | |
|---|---|---|---|---|---|---|
| | Sing. | Duale | Plur. | Sing. | Duale | Plur. |
| 1. | mi | vaḥ | maḥ | e | vahe | mahe |
| 2. | si | thaḥ | tha | se | āthe | dhve |
| 3. | ti | taḥ | anti, ati | te | āte | ante, ate |

DESINENZE SECONDARIE:

IMPERFETTO

| | PARASMAIPADA – ATTIVO | | | ATMANEPADA - PASSIVO | | |
|---|---|---|---|---|---|---|
| | Sing. | Duale | Plur. | Sing. | Duale | Plur. |
| 1. | am | va | ma | i, a | vahi | mahi |
| 2. | ḥ | tam | ta | thāḥ | āthām | dhvam |
| 3. | t | tām | an, uḥ | ta | ātām | anta, ata ran |

PERFETTO

| | PARASMAIPADA – ATTIVO | | | ATMANEPADA - PASSIVO | | |
|---|---|---|---|---|---|---|
| | Sing. | Duale | Plur. | Sing. | Duale | Plur. |
| 1. | a | va | ma | e | vahe | mahe |
| 2. | tha | athuḥ | a | se | āthe | dhve |
| 3. | a | atuḥ | uḥ | e | āte | re |

IMPERATIVO

| | PARASMAIPADA – ATTIVO | | | ATMANEPADA - PASSIVO | | |
|---|---|---|---|---|---|---|
| | Sing. | Duale | Plur. | Sing. | Duale | Plur. |
| 1. | āni | āva | āma | ai | āvahai | āmahai |
| 2. | dhi, hi | tam | ta | sva | āthām | dhvam |
| 3. | tu | tām | antu, atu | tām | ātām | antām, atām |

POTENZIALE (Non-a)

| | PARASMAIPADA – ATTIVO | | | ATMANEPADA - PASSIVO | | |
|---|---|---|---|---|---|---|
| | Sing. | Duale | Plur. | Sing. | Duale | Plur. |
| 1. | yām | yāva | yāma | īya | īvahi | īmahi |
| 2. | yāḥ | yātam | yāta | īthāḥ | īyāthām | īdhvam |
| 3. | yāt | yātyām | yuḥ | īta | īyātām | īran |
| | (Combinato con la s finale delle radici) | | | | | |
| 1. | eyam | eva | ema | eya | evahi | emahi |
| 2. | eḥ | etam | eta | ethāḥ | eyāthām | edhvam |
| 3. | et | etām | eyuḥ | eta | eyātām | eran |

LE DESINENZE ATMANEPADA

Le desinenze Parasmaipada sono le desinenze attive ed indicano “un'espressione per un altro” poiché l'azione viene trasmessa. Sono le desinenze normali per un verbo transitivo attivo. Le desinenze Atmanepada (“espressione per sé”), invece, sono usate nella coniugazione della Voce Passiva. Queste desinenze, quando usate con la forma attiva del verbo, caratterizzano la Voce Media ed il verbo allora implica un'azione che ricade su di sé. La voce Media non è *riflessiva*. Tutte le forme personali attive hanno una corrispondente forma media. Alcuni verbi possono essere coniugati in ambedue le voci oppure parzialmente in una e parzialmente nell'altra. La divisione non è affatto definita.
Ecco le desinenze Atmanepada (medie) del Presente:

| | | | |
|---|---|---|---|
| Prima persona. | e | vahe | mahe |
| Seconda persona | se | āthe | dhve |
| Terza persona | te | āte | ante |

Esempi:

| | | | |
|---|---|---|---|
| Attivo | फलानि पचामि | phalāni pacāmi | cucino la frutta |
| Medio | फलानि पचे | phalāni pace | cucino la frutta (per me) |
| Passivo | फलानि पच्यन्ते | phalāni pacyante | la frutta è cucinata |
| | रावणो रामेण जीयते | rāvaṇo rāmeṇa jīyate | Rāvaṇa è vinto da Rāma |

CONIUGAZIONE DEL VERBO "अस् - as", ESSERE

PRESENTE INDICATIVO

| | SINGOLARE | | DUALE | | PLURALE | |
|---|---|---|---|---|---|---|
| 1. | अस्मि | asmi | स्वः | svaḥ | स्मः | smaḥ |
| 2. | असि | asi | स्थः | sthaḥ | स्थ | stha |
| 3. | अस्ति | asti | स्तः | staḥ | सन्ति | santi |

IMPERFETTO

| | SINGOLARE | | DUALE | | PLURALE | |
|---|---|---|---|---|---|---|
| 1. | आसम् | āsam | आस्व | āsva | आस्म | āsma |
| 2. | आसीः | āsīḥ | आस्तम् | āstam | आस्त | āsta |
| 3. | आसीत् | āsīt | आस्ताम् | āstām | आसन् | āsan |

IMPERATIVO

| | SINGOLARE | | DUALE | | PLURALE | |
|---|---|---|---|---|---|---|
| 1. | असानि | asāni | असाव | asāva | असाम | asāma |
| 2. | एधि | edhi | स्तम् | stam | स्त | sta |
| 3. | अस्तु | astu | स्ताम् | stām | सन्तु | santu |

OTTATIVO O POTENZIALE

| | SINGOLARE | | DUALE | | PLURALE | |
|---|---|---|---|---|---|---|
| 1. | स्याम् | syām | स्याव | syāva | स्याम | syāma |
| 2. | स्याः | syāḥ | स्यातम् | syātam | स्यात | syāta |
| 3. | स्यात् | syāt | स्याताम् | syātām | स्युः | syuḥ |

PERFETTO

| | SINGOLARE | | DUALE | | PLURALE | |
|---|---|---|---|---|---|---|
| 1. | आस | āsa | आसिव | āsiva | आसिम | āsima |
| 2. | आसिथ | āsitha | आसथुः | āsathuḥ | आस | āsa |
| 3. | आस | āsa | आसतुः | āsatuḥ | आसुः | āsuḥ |

CONIUGAZIONE DEL VERBO "कृ-kṛ", fare
PRESENTE INDICATIVO
PARASMAIPADA - ATTIVO

| | SINGOLARE | | DUALE | | PLURALE | |
|---|---|---|---|---|---|---|
| 1. | करोमि | karomi | कुर्वः | kurvaḥ | कुर्मः | kurmaḥ |
| 2. | करोषि | karoṣi | कुरुथः | kuruthaḥ | कुरुथ | kurutha |
| 3. | करोति | karoti | कुरुतः | kurutaḥ | कुर्वन्ति | kurvanti |

PRESENTE INDICATIVO
ATMANEPADA - MEDIO

| | SINGOLARE | | DUALE | | PLURALE | |
|---|---|---|---|---|---|---|
| 1. | कुर्वे | kurve | कुर्वहे | kurvahe | कुर्महे | kurmahe |
| 2. | कुरुषे | kuruṣe | कुर्वाथे | kurvāthe | कुरुध्वे | kurudhve |
| 3. | कुरुते | kurute | कुर्वाते | kurvāte | कुर्वते | kurvate |

IMPERFETTO
PARASMAIPADA - ATTIVO

| | SINGOLARE | | DUALE | | PLURALE | |
|---|---|---|---|---|---|---|
| 1. | अकरवम् | akaravam | अकुर्व | akurva | अकुर्म | akurma |
| 2. | अकरोः | akaroḥ | अकुरुतम् | akurutam | अकुरुत | akuruta |
| 3. | अकरोत् | akarot | अकुरुताम् | akurutām | अकुर्वन् | akurvan |

IMPERFETTO
ATMANEPADA - MEDIO

| | SINGOLARE | | DUALE | | PLURALE | |
|---|---|---|---|---|---|---|
| 1. | अकुर्वि | akurvi | अकुर्वहि | akurvahi | अकुर्महि | akurmahi |
| 2. | अकुरुथाः | akuruthāḥ | अकुर्वाथाम् | akurvāthām | अकुरुध्वम् | akurudhvam |
| 3. | अकुरुत | akuruta | अकुर्वाताम् | akurvātām | अकुर्वत | akurvata |

IMPERATIVO
PARASMAIPADA - ATTIVO

| | SINGOLARE | | DUALE | | PLURALE | |
|---|---|---|---|---|---|---|
| 1. | करवाणि | karavāṇi | करवाव | karavāva | करवाम | karavāma |
| 2. | कुरु | kuru | कुरुतम् | kurutam | कुरुत | kuruta |
| 3. | करोतु | karotu | कुरुताम् | kurutām | कुर्वन्तु | kurvantu |

IMPERATIVO
ATMANEPADA - MEDIO

| | SINGOLARE | | DUALE | | PLURALE | |
|---|---|---|---|---|---|---|
| 1. | करवै | karavai | करवावहै | karavāvahai | करवामहै | karavāmahai |
| 2. | कुरुष्व | kuruṣva | कुर्वाथाम् | kurvāthām | कुरुध्वम् | kurudhvam |
| 3. | कुरुताम् | kurutām | कुर्वाताम् | kurvātām | कुर्वताम् | kurvatām |

OTTATIVO O POTENZIALE
PARASMAIPADA - ATTIVO

| | SINGOLARE | | DUALE | | PLURALE | |
|---|---|---|---|---|---|---|
| 1. | कुर्याम् | kuryām | कुर्याव | kuryāva | कुर्याम | kuryāma |
| 2. | कुर्याः | kuryāḥ | कुर्यातम् | kuryātam | कुर्यात | kuryāta |
| 3. | कुर्यात् | kuryāt | कुर्याताम् | kuryātām | कुर्युः | kuryuḥ |

OTTATIVO O POTENZIALE
ATMANEPADA - MEDIO

| | SINGOLARE | | DUALE | | PLURALE | |
|---|---|---|---|---|---|---|
| 1. | कुर्वीय | kurvīya | कुर्वीवहि | kurvīvahi | कुर्वीमहि | kurvīmahi |
| 2. | कुर्वीथाः | kurvīthāḥ | कुर्वीयाथाम् | kurvīyāthām | कुर्वीध्वम् | kurvīdhvam |
| 3. | कुर्वीत | kurvīta | कुर्वीयाताम् | kurvīyātām | कुर्वीरन् | kurvīran |

PERFETTO
PARASMAIPADA - ATTIVO

| | SINGOLARE | | DUALE | | PLURALE | |
|---|---|---|---|---|---|---|
| 1. | चकार<br>चकर | cakāra<br>cakara | चकृव | cakṛva | चकृम | cakṛma |
| 2. | चकर्थ | cakartha | चक्रथुः | cakrathuḥ | चक्र | cakra |
| 3. | चकार | cakāra | चक्रतुः | cakratuḥ | चक्रुः | cakruḥ |

PERFETTO
ATMANEPADA - MEDIO

| | SINGOLARE | | DUALE | | PLURALE | |
|---|---|---|---|---|---|---|
| 1. | चक्रे | cakre | चकृवहे | cakṛvahe | चकृमहे | cakṛmahe |
| 2. | चकृषे | cakṛṣe | चक्राथे | cakāthe | चकृढ्वे | cakṛḍhve |
| 3. | चक्रे | cakre | चक्राते | cakāte | चक्रिरे | cakrire |

| | | |
|---|---|---|
| Participio Passato Passivo | कृत | kṛta |
| Infinito | कर्तुम् | kartum |
| Gerundio | कृत्वा e -कृत्य | kṛtvā e -kṛtya |
| Participio Presente | कुर्वन्त् | kurvant |

Segue l'esempio del tempo Perfetto dei verbi la cui terza persona singolare termina in *-au*: *dā*, dare

PERFETTO
PARASMAIPADA - ATTIVO

| | SINGOLARE | | DUALE | | PLURALE | |
|---|---|---|---|---|---|---|
| 1. | दादौ | dādau | ददिव | dadiva | ददिम | dadima |
| 2. | ददाथ ददिथ | dadātha daditha | ददथुः | dadathuḥ | दद | dada |
| 3. | दादौ | dādau | ददतुः | dadatuḥ | ददुः | daduḥ |

PERFETTO
ATMANEPADA - MEDIO

| | SINGOLARE | | DUALE | | PLURALE | |
|---|---|---|---|---|---|---|
| 1. | ददे | dade | ददिवहे | dadivahe | ददिमहे | dadimahe |
| 2. | ददिषे | dadiṣe | ददाथे | dadāthe | ददिध्वे | dadidhve |
| 3. | ददे | dade | ददाते | dadāte | ददिरे | dadire |

# CONIUGAZIONE DEL VERBO BHŪ, ESSERE, DIVENTARE

Coniugazione del sistema del Presente dei verbi della classe “con a”: radice verbale , *bhū* “essere”; tema del presente “*bhava*”.

### PRESENTE INDICATIVO
### PARASMAIPADA - ATTIVO

| | SINGOLARE | | DUALE | | PLURALE | |
|---|---|---|---|---|---|---|
| 1. | भवामि | bhavāmi | भवावः | bhavāvaḥ | भवामः | bhavāmaḥ |
| 2. | भवसि | bhavasi | भवथः | bhavathaḥ | भवथ | bhavatha |
| 3. | भवति | bhavati | भवतः | bhavataḥ | भवन्ति | bhavanti |

### PRESENTE INDICATIVO
### ATMANEPADA - MEDIO

| | SINGOLARE | | DUALE | | PLURALE | |
|---|---|---|---|---|---|---|
| 1. | भवे | bhave | भवावहे | bhavāvahe | भवावमे | bhavāmahe |
| 2. | भवसे | bhavase | भवेथे | bhavethe | भवध्वे | bhavadhve |
| 3. | भवते | bhavate | भवेते | bhavete | भवन्ते | bhavante |

### IMPERFETTO
### PARASMAIPADA - ATTIVO

| | SINGOLARE | | DUALE | | PLURALE | |
|---|---|---|---|---|---|---|
| 1. | अभवम् | abhavam | अभवाव | abhavāva | अभवाम | abhavāma |
| 2. | अभवः | abhavaḥ | अभववतम् | abhavavatam | अभववत | abhavavata |
| 3. | अभवत् | abhavat | अभववताम् | abhavavatām | अभवन् | abhavan |

### IMPERFETTO - ATMANEPADA - MEDIO

| | SINGOLARE | | DUALE | | PLURALE | |
|---|---|---|---|---|---|---|
| 1. | अभवे | abhave | अरुवावहि | abhavāvahi | अभवामहि | abhavāmahi |
| 2. | अभवथाः | abhavathāḥ | अभवेथाम् | abhavethām | अभवध्वम् | abhavadhvam |
| 3. | अभवत | abhavata | अभवेताम् | abhavetām | अभवन्त | abhavanta |

## IMPERATIVO - PARASMAIPADA - ATTIVO

| | SINGOLARE | | DUALE | | PLURALE | |
|---|---|---|---|---|---|---|
| 1. | भवानि | bhavāni | भवाव | bhavāva | भवाम | bhavāma |
| 2. | भव | bhava | भवतम् | bhavatam | भवत | bhavata |
| 3. | भवतु | bhavatu | भवताम् | bhavatām | भवन्तु | bhavantu |

## IMPERATIVO - ATMANEPADA - MEDIO

| | SINGOLARE | | DUALE | | PLURALE | |
|---|---|---|---|---|---|---|
| 1. | भवै | bhavai | भवावहै | bhavāvahai | भवामहै | bhavāmahai |
| 2. | भवस्व | bhavasva | भवेथाम् | bhavethām | भवध्वम् | bhavadhvam |
| 3. | भवताम् | bhavatām | भवेताम् | bhavetām | भवन्ताम् | bhavantām |

## OTTAVIVO O POTENZIALE - PARASMAIPADA - ATTIVO

| | SINGOLARE | | DUALE | | PLURALE | |
|---|---|---|---|---|---|---|
| 1. | भवेयम् | bhaveyam | भवेव | bhaveva | भवेम | bhavema |
| 2. | भवेः | bhaveḥ | भवेतम् | bhavetam | भवेत | bhaveta |
| 3. | भवेत् | bhavet | भवेताम् | bhavetām | भवेयुः | bhaveyuḥ |

## OTTAVIVO O POTENZIALE
## ATMANEPADA - MEDIO

| | SINGOLARE | | DUALE | | PLURALE | |
|---|---|---|---|---|---|---|
| 1. | भवेय | bhaveya | भवेवहि | bhavevahi | भवेमहि | bhavemahi |
| 2. | भवेथाः | bhavethāḥ | भवेयाथाम् | bhaveyāthām | भवेध्वम् | bhavedhvam |
| 3. | भवेत | bhaveta | भवेयाताम् | bhaveyātām | भवेरन् | bhaveran |

PERFETTO - PARASMAIPADA - ATTIVO

| | SINGOLARE | | DUALE | | PLURALE | |
|---|---|---|---|---|---|---|
| 1. | बभूव | babhūva | बभूविव | babhūviva | बभूविम | babhūvima |
| 2. | बभूविथ | babhūvitha | बभूवथुः | babhūvathuḥ | बभूव | babhūva |
| 3. | बभूव | babhūva | बभूवतुः | babhūvatuḥ | बभूवुः | babhūvuḥ |

Per il Tempo Perfetto non esiste la forma media.

# TABELLA DEI VERBI

N. 1 Radice o forma dizionario del verbo.

N. 2 3a Persona, Singolare, Presente, Indicativo, Attivo (desinenza in "i") o Medio (desinenza in "e")*.

N. 3 3a Persona, Singolare, Futuro, Indicativo, Attivo (desinenza in "i") o Medio (desinenza in "e")*.

N. 4 3a Persona, Singolare, Perfetto, Indicativo, Attivo (desinenza in "a") o Medio (desinenza in "e")*.

N. 5 3a Persona, Singolare, Presente, Indicativo, Passivo.

N. 6 Participio Passato Passivo, Maschile, Singolare.

N. 7 Participio Congiuntivo o Gerundio dei verbi senza prefisso.

N. 8 Participio Congiuntivo o Gerundio dei verbi con prefisso. Il trattino che precede il gerundio stà per il prefisso.

N. 9 Presente Infinito Attivo.

N. 10 Significato italiano del verbo.

* Per spiegazioni sul Medio vedere l'Appendice II "LE DESINENZE ATMANEPADA"

# Tabella delle Forme Verbali

| Forma 1 Radice | Forma 2 Presente | Forma 3 Futuro | Forma 4 Perfetto | Forma 5 Passivo | Forma 6 Part. Pass. Pass. | Forma 7 Part. Cong. | Forma 8 Part. Cong. | Forma 9 Infinito | Forma 10 Significato |
|---|---|---|---|---|---|---|---|---|---|
| aṭ | aṭati | aṭiṣyati | āṭa | ------ | ------ | ------ | ------ | aṭitum | vagare |
| ad | atti | atsyati | āda | adyate | anna | ------ | ------ | attum | mangiare |
| arh | arhati | arhiṣyati | ānarha | arhyate | ------ | ------ | ------ | ------ | essere adatto |
| āp | āpnoti | āpsyati | āpa | āpyate | āpta | āptvā | -āpya | āptum | ottenere |
| iṣ | icchati | eṣiṣyati | iyeṣa | iṣyate | iṣṭa | eṣitvā | ------ | eṣṭum | desiderare |
| kath | kathaya-ti | kathayiṣyati | kathayān* cakāra | kathyate | ------ | ------ | ------ | ------ | dire, raccontare |
| kṛ | karoti | kariṣyati | cakāra | kriyate | kṛta | kṛtvā | -kṛtya | kartum | fare |
| kram | krāmati | kramiṣyati | cakrāma | krāmyate | krānta | krāntvā | -kramya | krāntum | camminare |
| kṣi | kṣayati | kṣeṣyati | cikṣāya | kṣiyate | kṣiṇa | kṣitvā | -kṣīya | ------ | decadere, deperire |
| kṣip | kṣipati | kṣepsyati | cikṣepa | kṣipyate | kṣipta | kṣiptvā | -kṣipya | kṣeptum | gettare |
| khan | khanati | khaniṣyati | cakhāna | khāyate | khāta | khātvā | -khātya | khanitum | scavare |
| gam | gacchati | gamiṣyati | jagāma | gamyate | gata | gatvā | -gatya | gantum | andare |
| gup | gopayati | gopayiṣyati | jugopa | gopāyyate e/o gupyate | gupta | gopitvā | ------ | gopitum | proteggere |
| grah | gṛhṇāti | grahīṣyati | jagrāha | gṛhyate | gṛhīta | gṛhītvā | ------ | grahītum | prendere |
| ghrā | jighrati | ghrāsyati | jaghrau | ghrāyate | ghrāta | ghrātvā | -ghrāya | ------ | annusare |
| car | carati | cariṣyati | cacāra | caryate | carita | caritvā | -carya | caritum | andare |
| cal | calati | caliṣyati | cacāla | ------ | calita | calitvā | ------ | calitum | muoversi |
| cint | cintayati | ------ | cintayān* cakāra | cintyate | cintita | cintayitvā | -cintya | ------ | pensare |
| jan | jāyate | janiṣyate | jajñe | janyate | jāta | janitvā | ------ | ------ | nascere |
| jalp | jalpati | jalpiṣyati | jajalpa | jalpyate | jalpita | ------ | ------ | ------ | borbottare - chiacchierare |
| ji | jayati | jeṣyati | jigāya | jiyate | jita | jitvā | -jitya | jetum | conquistare – vincere |
| jīv | jīvati | jīviṣyati | jijīva | jīvyate | jīvita | jīvitvā | -jīvya | jīvitum | vivere |
| jñā | jānāti | jñāsyati | jajñau | jñāyate | jñāta | jñātvā | -jñāya | jñātum | conoscere |
| tan | tanoti | taniṣyati | tatāna | tātyate | tata | tatvā | -tya | tantum | stendere |
| tṝ | tarati | tariṣyati | tatāra | tīryate | tīrṇa | tīrtvā | ------ | tartum | attraversare |
| tṛp | tṛpyati | tarpiṣyati | tatarpa | ------ | tṛpta | tṛptvā | -tṛpya | tarptum | soddisfare |
| tyaj | tyajati | tyakṣyati | tatyāja | tyajyate | tyakta | tyaktvā | -tyajya | tyaktum | abbandonare |
| dah | dahati | dhakṣyati | dadāha | dahyate | dagdha | dagdhvā | -dahya | dagdhum | bruciare |
| dā | dadāti | dāsyati | dadau | dīyate | datta | dattvā | -dāya | dātum | dare |
| dṛś, paś | paśyati | drakṣyati | dadarśa | dṛśyate | dṛśṭa | dṛśtvā | -dṛśya | draṣṭum | vedere |
| dru | dravati | droṣyati | dudrāva | drūyate | druta | drutvā | -drutya | drotum | colare |

| | | | | | | | | | |
|---|---|---|---|---|---|---|---|---|---|
| naś | naśyati | naśiṣyati | nanāśa | ------ | naṣṭa | naśitvā | ------ | naśitum | perire |
| pac | pacati | pakṣyati | papāca | pacyate | pakva | paktvā | ------ | paktum | cucinare |
| pat | patati | patiṣyati | papāta | patyate | patita | patitvā | -patya | patitum | cadere |
| pad | padyate | patsyate | pede | padyate | panna | pattvā | -padya | pattum | andare |
| pā | pibati | pāsyati | papau | pīyate | pīta | pītvā | -pīya | pātum | bere |
| pracch | pṛcchati | prakṣyati | papraccha | pṛcchya-te | pṛṣṭa | pṛṣṭvā | -pṛcchya | praṣṭum | chiedere |
| phal | phalati | phaliṣyati | paphāla | ------ | phulla | ------ | ------ | ------ | dare frutti |
| budh | bodhati | bodhiṣyati | bubodha | budhyate | buddha | budhitvā | -budhya | boddhum | conoscere |
| brū | bravīti o brūte | Per le altre forme vedere *vac* | | | | | | | parlare |
| bhid | bhinatti | bhetsyati | bibheda | bhidyate | bhinna | bhittvā | -bhidya | bhettum | rompere |
| bhū | bhavati | bhaviṣyati | babhūva | bhūyate | bhūta | bhūtvā | -bhūya | bhavitum | essere |
| bhram | bhramati | bhramiṣyati | babhrāma | bhramya-te | bhrānta | bhrāntvā | -bhramya | bhrāntum | vagare |
| mantr | mantra-yate | mantrayiṣya-te | mantrayāṁ* cakre | ------ | mantri-ta | mantrayi-tvā | ------ | mantrayi-tum | consigliare |
| mṛ | mriyate | mariṣyati | mamāra | mriyate | mṛta | mṛtvā | ------ | martum | morire |
| yat | yatate | yatiṣyate | yete | yatyate | yata | yatitvā | -yatya | yatitum | lottare, sforzarsi |
| yam | yacchati | yaṁsyati | yayāma | yamyate | yata | yatvā | -yamya | yantum | dare, trattenere |
| yā | yāti | yāsyati | yayau | yāyate | yāta | yātvā | yāya | yātum | andare |
| yudh | yudhya-te | yotsyate | yuyudhe | yudhyate | yuddha | yuddhvā | -yudhya | yoddhum | combattere |
| ram | ramate | raṁsyate | reme | ramyate | rata | ratvā | -ramya | ramitum | giocare |
| loc | locate | ------ | luloce | ------ | locita | ------ | -locya | ------ | vedere |
| vac | vakti | vakṣyati | uvāca | ucyate | ukta | uktvā | -ucya | vaktum | parlare |
| vad | vadati | vadiṣyati | uvāda | udyate | udita | uditvā | -udya | vaditum | parlare |
| vas | vasati | vatsyati | uvāsa | uṣyate | uṣita | uṣitvā | -uṣya | vastum | abitare |
| vah | vahati | vakṣyati | uvāha | uhyate | ūḍha | ūḍhvā | -uhya | voḍhum | portare |
| vid | vidyate | vetsyate | vivide | vidyate | vitta | vittvā | -vidya | vettum | esistere |
| vid | vindati | vetsyati | " | " | " | " | " | " | trovare |
| vid | vetti | vediṣyati | veda | vidyate | vidita | viditvā | -vidya | veditum | conoscere |
| vṛt | vartate | vartiṣyate | vavṛte | ------ | vṛtta | vṛtvā | -vṛtya | vartitum | essere, esistere |
| vraj | vrajati | vrajiṣyati | vavrāja | ------ | vrajita | vrajitvā | -vrajya | vrajitum | andare |
| śak | śaknoti | śakṣyati | śaśāka | śakyate | śakta | ------ | ------ | śaktum | essere capace, potere |
| śuc | śocati | śociṣyati | śuśoca | ------ | śocita | śocitvā | ------ | śocitum | dispiacersi per |
| śubh | śobhate | śobhiṣyati | śuśubhe | ------ | śobhi-ta | śobhitvā | ------ | śobhitum | risplendere |
| śri | śrayati | śrayiṣyati | śiśrāya | śriyate | śrita | śrayitvā | -śritya | śrayitum | servire |
| śru | śṛṇoti | śroṣyati | śuśrāva | śrūyate | śruta | śrutvā | -śrutya | śrotum | udire |
| sah | sahate | sahiṣyate | sasahe | ------ | soḍha | sahitvā | -sahya | sahitum | sopportare |
| sṛ | sarati | sariṣyati | sasāra | sriyate | sṛta | sṛtvā | -sṛtya | sartum | andare |
| sṛp | sarpati | sarpsyati | sasarpa | sṛpyate | sṛpta | sṛptvā | -sṛpya | sarpitum | strisciare |

| | | | | | | | | | |
|---|---|---|---|---|---|---|---|---|---|
| sev | sevate | seviṣyate | siṣeve | sevyate | sevita | sevitvā | -sevya | sevitum | servire |
| sthā | tiṣṭhati | sthāsyati | tasthau | sthīyate | sthita | sthitvā | -sthāya | sthātum | stare |
| snā | snāti | snāsyati | sasnau | snāyate | snāta | snātvā | -snāya | snātum | fare il bagno |
| spṛś | spṛśati | sparkṣyati | pasparśa | spṛśyate | spṛṣṭa | spṛṣṭvā | spṛśya | spraṣṭum | toccare |
| smi | smayate | smeṣyate | siṣmiye | smiyate | smita | smitvā | -smitya | smetum | sorridere |
| smṛ | smarati | smariṣyati | sasmāra | smaryate | smṛta | smṛtvā | smṛtya | smartum | ricordare |
| sru | sravati | sroṣyati | susrāva | srūyate | sruta | srutvā | -srutya | srotum | gocciolare |
| han | hanti | hansyati | jaghāna | hanyate | hata | hatvā | -hatya | hantum | uccidere |
| has | hasati | hasiṣyati | jahāsa | hasyate | hasita | hasitvā | -hasya | hasitum | ridere |
| hiṁs | hinasti | hiṁsiṣyati | jihiṁsa | hiṁsyate | hiṁsi-ta | hiṁsitvā | -hiṁsya | hiṁsitum | offendere, ferire |
| hṛ | harati | hariṣyati | jahāra | hriyate | hṛta | hṛtvā | -hṛtya | hartum | prendere |

# IL PARTICIPIO FUTURO PASSIVO O GERUNDIVO

| Radice | anīya | tavya | ya | Italiano |
|---|---|---|---|---|
| aṭ | aṭanīya | aṭṭavya | aṭya | essere vagante |
| ad | adanīya | attavya | adya | esser mangiato, cibo |
| arh | --- | --- | arhya | degno |
| āp | āpanīya | āptavya | āpya | essere raggiunto, ottenibile |
| iṣ | eṣanīya | eṣitavya | --- | essere desiderato |
| kath | kathanīya | kathayitavya | kathya | essere raccontato |
| kṛ | karaṇīya | kartavya | kārya, kṛtya | essere fatto |
| kram | kramaṇīya | --- | kramya | essere andato |
| kṣi | --- | kṣayayitavya | kṣavya | essere distrutto, perso |
| kṣip | kṣepanīya | kṣeptavya | kṣepya | essere gettato |
| khan | khananīya | --- | kheya | essere scavato |
| gam | gamanīya | gantavya | gamya | essere andato |
| gup | gopanīya | gopayitavya | gopya | essere protetto |
| grah | grahaṇīya | grahītavya | grāhya | essere accettato, preso |
| ghrā | --- | ghrātavya | ghreya | essere annusato, odore |
| car | --- | caritavya | carya | che va |
| cal | calanīya | calitavya | --- | essere mosso |
| cint | cintanīya | cintanyitavya | cintya | essere pensato |
| jan | jananīya | janayitavya | janya | essere prodotto, nato |
| jalp | --- | --- | jalpya | essere chiacchierato |
| ji | --- | jetavya - jitya | jeya | essere conquistato, vinto |
| jīv | jīvanīya | jīvitavya | jīvya | essere vissuto |
| jñā | --- | jñātavya | jñeya | essere conosciuto |
| tan | --- | tanitavya | --- | essere teso, tirato |
| tṝ | --- | --- | tārya | essere attraversato |
| tṛp | tarpaṇīya | tarpayitavya | --- | essere soddisfatto |
| tyaj | tyajanīya | tyaktavya | tyājya | essere abbandonato |
| dah | dahanīya | dagdhavya | --- | essere bruciato |

| | | | | |
|---|---|---|---|---|
| dā | dānīya | dātavya | deya | essere dato |
| dṛś | --- | draṣṭavya | dṛṣya | essere visto, visibile |
| dru | --- | --- | drāvya | diventare fluido |
| naś | --- | --- | naśya | essere distrutto |
| pac | --- | paktavya | pācya | essere cucinato |
| pat | patanīya | patitavya | pātya | che cade |
| pad | padanīya | pattavya | padya | essere andato |
| pā | pānīya | pātavya | --- | essere bevuto, bevibile |
| pracch | --- | --- | pṛcchya | essere interrogato |
| phal | --- | phalitavya | phalya | essere fruttificato |
| budh | bodhanīya | bodhitavya | bodhya | essere conosciuto |
| brū | bravanīya | bravitavya | broya | che parla |
| bhid | bhedanīya | bhettavya | bhedya | essere rotto |
| bhū | bhavanīya | bhavitavya | bhāvya | essere diventato |
| bhram | bhramaṇīya | bhrantavya | bhramya | essere vagante |
| mantr | --- | --- | mantrya | essere detto, consigliato |
| mṛ | --- | martavya | martya | mortale |
| yat | yatanīya | yatitavya | yatya | essere combattuto |
| yam | --- | --- | yamya | essere controllato |
| yā | --- | yātavya | --- | essere andato |
| yudh | yodhanīya | --- | yodhya | essere combattuto |
| ram | ramaṇīya | rantavya | ramya | essere goduto |
| loc | locanīya | --- | --- | essere visto |
| vac | vacanīya | vaktavya | vācya | essere parlato |
| vad | --- | vaditavya | vadya | essere parlato |
| vas | --- | vastavya | vāsya | essere abitato |
| vah | vahanīya | --- | vāhya | essere portato |
| vid | --- | --- | vedya | essere trovato |
| vid | vedanīya | --- | vedya | essere conosciuto |
| vṛt | vartanīya | vartitavya | vṛtya | che abita |

| | | | | |
|---|---|---|---|---|
| vraj | --- | --- | vrajya | essere andato |
| śak | --- | --- | śakya | essere possibile |
| śuc | śocanīya | śocitavya | śocya | essere lamentato |
| śubh | śobhanīya | --- | --- | essere abbellito |
| śri | śrayaṇīya | śrayitavya | --- | essere dipendente da/su |
| śru | śravaṇīya | śrotavya | śravya | essere udito |
| sah | sahanīya | sahitavya | sahya | essere nato |
| sṛ | --- | srotavya | sṛtya | fatto fluire |
| sev | sevanīya | sevitavya | sevya | essere servito |
| sthā | --- | sthātavya | stheya | fatto stare in piedi |
| snā | snānīya | snātavya | sneya | essere lavato |
| spṛś | sparśanīya | sparṣṭavya | spṛśya | essere toccato |
| smi | smayanīya | smetavya | --- | essere (oggetto di un) sorriso |
| smṛ | smaraṇīya | smartavya | smārya | essere ricordato |
| sru | --- | srāvayitavya | srāvya | esser fatto fluire |
| han | hananīya | hantavya | --- | essere ucciso |
| has | hasanīya | --- | hāsya | essere deriso |
| hiṁs | hiṁsanīya | hiṁsitavya | hiṁsya | essere ferito |
| hṛ | haraṇīya | hartavya | hārya | essere preso |

Si noti che l'italiano "deve" o "dovrebbe" nella forma attiva deve essere trasformato da un participio futuro passivo cambiando in passiva l'intera frase:

Amico, non devi aver paura. मित्र न भेतव्यम् त्वया । mitra na bhetavyam tvayā.

Io devo stare lì मया तत्र स्थातव्यम् । mayā tatra sthātavyam.

Le istruzioni non dovrebbero essere date a qualsiasi uomo arriva.

उपदेशो न दातव्यो यादृषे तादृषे जनाय ।

upadeśo na dātavyo yādṛṣe tādṛṣe janāya.

# APPENDICE III

## PRONOMI PERSONALI

### Prima Persona

| | Singolare | | Duale | | Plurale | |
|---|---|---|---|---|---|---|
| Nom. | अहम् | aham | आवाम् | āvām | वयम् | vayam |
| Acc. | माम्<br>मा | mām<br>mā | आवाम्<br>नौ | āvām,<br>nau | असमान्<br>नः | asmān<br>naḥ |
| Strum. | मया | mayā | आवाभ्याम् | āvābhyām | अस्माभिः | asmābhiḥ |
| Dat. | मह्यम्<br>,मे | mahyam,<br>me | आवाभ्याम्<br>नौ | āvābhyām<br>nau | अस्मभ्यम्<br>नः | asmabhyam<br>naḥ |
| Abl. | मत् | mat | आवाभ्याम | āvābhyām | अस्मत् | asmat |
| Gen. | मम<br>मे | mama<br>me | आवयोः<br>नौ | āvayoḥ<br>nau | अस्माकम्<br>नः | asmākam,<br>naḥ |
| Loc. | मयि | mayi | आवयोः | āvayoḥ | अस्मासु | asmāsu |

Non è permesso alle forme corte, della prima e della seconda persona, stare all'inizio di una frase.

### Seconda Persona

| | Singolare | | Duale | | Plurale | |
|---|---|---|---|---|---|---|
| Nom. | त्वम् | tvam | युवाम् | yuvām | यूयम् | yūyam |
| Acc. | त्वाम् | tvām | युवाम् | yuvām | युष्मान् | yuṣmān |
| | त्वा | tvā | वाम् | vām | वः | vaḥ |
| Strum. | त्वया | tvayā | युवाभ्याम् | yuvābhyām | युष्माभिः | yuṣmābhiḥ |
| Dat. | तुभ्यम् | tubhyam | युवाभ्याम् | yuvābhyām | युष्मभ्यम् | yuṣmabhyam |
| | ते | te | वाम् | vām | वः | vaḥ |
| Abl. | त्वत् | tvat | युवाभ्याम् | yuvābhyām | युष्मत् | yuṣmat |
| Gen. | तव | tava | युवयोः | yuvayoḥ | युष्माकम् | yuṣmākam |
| | ते | te | वाम् | vām | वः | vaḥ |
| Loc. | त्वयि | tvayi | युवयोः | yuvayoḥ | युष्मासु | yuṣmāsu |

### Terza Persona Maschile

| | Singolare | | Duale | | Plurale | |
|---|---|---|---|---|---|---|
| Nom. | सः | saḥ | तौ | tau | ते | te |
| Acc. | तम् | tam | तौ | tau | तान् | tān |
| Strum. | तेन | tena | ताभ्याम् | tābhyām | तैः | taiḥ |
| Dat. | तस्मै | tasmai | ताभ्याम् | tābhyām | तेभ्यः | tebhyaḥ |
| Abl. | तस्मात् | tasmāt | ताभ्याम् | tābhyām | तेभ्यः | tebhyaḥ |
| Gen. | तस्य | tasya | तयोः | tayoḥ | तेषाम् | teṣām |
| Loc. | तस्मिन् | tasmin | तयोः | tayoḥ | तेषु | teṣu |

## Terza Persona Femminile

| | Singolare | | Duale | | Plurale | |
|---|---|---|---|---|---|---|
| Nom. | सा | sā | ते | te | ताः | tāḥ |
| Acc. | ताम् | tām | ते | te | ताः | tāḥ |
| Strum. | तया | tayā | ताभ्याम् | tābhyām | ताभिः | tābhiḥ |
| Dat. | तस्यै | tasyai | ताभ्याम् | tābhyām | ताभ्यः | tābhyaḥ |
| Abl. | तस्याः | tasyāḥ | ताभ्याम् | tābhyām | ताभ्यः | tābhyaḥ |
| Gen. | तस्याः | tasyāḥ | तयोः | tayoḥ | तासाम् | tāsām |
| Loc. | तस्याम् | tasyām | तयोः | tayoḥ | तासु | tāsu |

## Terza Persona Neutro

| | Singolare | | Duale | | Plurale | |
|---|---|---|---|---|---|---|
| Nom. | तत् | tat | ते | te | तानि | tāni |
| Acc. | तत् | tat | ते | te | तानि | tāni |
| Strum. | तेन | tena | ताभ्याम् | tābhyām | तैः | taiḥ |
| Dat. | तस्मै | tasmai | ताभ्याम् | tābhyām | तेभ्यः | tebhyaḥ |
| Abl. | तस्मात् | tasmāt | ताभ्याम् | tābhyām | तेभ्यः | tebhyaḥ |
| Gen. | तस्य | tasya | तयोः | tayoḥ | तेषाम् | teṣām |
| Loc. | तस्मिन् | tasmin | तयोः | tayoḥ | तेषु | teṣu |

# DECLINAZIONI PRONOMINALI

## idam, questo

### SINGOLARE

| | Maschile | | Neutro | | Femminile | |
|---|---|---|---|---|---|---|
| Nom. | अयम् | ayam | इदम् | idam | इयम् | iyam |
| Acc. | इमम् | imam | इदम् | idam | इमाम् | imām |
| Strum. | | | अनेन | anena | अनया | anayā |
| Dat. | | | अस्मै | asmai | अस्यै | asyai |
| Abl. | | | अस्मात् | asmāt | अस्याः | asyāḥ |
| Gen. | | | अस्य | asya | अस्याः | asyāḥ |
| Loc. | | | अस्मिन् | asmin | अस्याम् | asyām |

### DUALE

| | Maschile | | Neutro | | Femminile | |
|---|---|---|---|---|---|---|
| Nom. | इमौ | imau | इमे | ime | इमे | ime |
| Acc. | इमौ | imau | इमे | ime | इमे | ime |
| Strum. | | | आभ्याम् | ābhyām | | |
| Dat. | | | आभ्याम् | ābhyām | | |
| Abl. | | | आभ्याम् | ābhyām | | |
| Gen. | | | अनयोः | anayoḥ | | |
| Loc. | | | अनयोः | anayoḥ | | |

### PLURALE

| | Maschile | | Neutro | | Femminile | |
|---|---|---|---|---|---|---|
| Nom. | इमे | ime | इमानि | imāni | इमाः | imāḥ |
| Acc. | इमान् | imān | इमानि | imāni | इमाः | imāḥ |
| Strum. | | | एभिः | ebhiḥ | आभिः | ābhiḥ |
| Dat. | | | एभ्यः | ebhyaḥ | आभ्यः | ābhyaḥ |
| Abl. | | | एभ्यः | ebhyaḥ | आभ्यः | ābhyaḥ |
| Gen. | | | एषाम् | eṣām | आसाम् | āsām |
| Loc. | | | एषु | eṣu | आसु | āsu |

## adas, quello

### SINGOLARE

| | Maschile | | Neutro | | Femminile | |
|---|---|---|---|---|---|---|
| Nom. | असौ | asau | अदः | adaḥ | असौ | asau |
| Acc. | अमुम् | amum | अदः | adaḥ | अमूम् | amūm |
| Strum. | अमुना | amunā | | | अमुया | amuyā |
| Dat. | अमुष्मै | amuṣmai | | | अमुष्यै | amuṣyai |
| Abl. | अमुष्मात् | amuṣmāt | | | अमुष्याः | amuṣyāḥ |
| Gen. | अमुष्य | amuṣya | | | अमुष्याः | amuṣyāḥ |
| Loc. | अमुष्मिन् | amuṣmin | | | अमुष्याम् | amuṣyām |

**DUALE**

| | Maschile | Neutro | | Femminile |
|---|---|---|---|---|
| Nom. | | अमू | amū | |
| Acc. | | अमू | amū | |
| Strum. | | अमूभ्याम् | amūbhyām | |
| Dat. | | अमूभ्याम् | amūbhyām | |
| Abl. | | अमूभ्याम् | amūbhyām | |
| Gen. | | अमुयोः | amuyoḥ | |
| Loc. | | अमुयोः | amuyoḥ | |

Per il duale le forme del maschile, neutro e femminile coincidono.

**PLURALE**

| | Maschile | | Neutro | | Femminile | |
|---|---|---|---|---|---|---|
| Nom. | अमी | amī | अमूनि | amūni | अमूः | amūḥ |
| Acc. | अमून् | amūn | अमूनि | amūni | अमूः | amūḥ |
| Strum. | | अमीभिः | amībhiḥ | | अमूभिः | amūbhiḥ |
| Dat. | | अमीभ्यः | amībhyaḥ | | अमूभ्यः | amūbhyaḥ |
| Abl. | | अमीभ्यः | amībhyaḥ | | अमूभ्यः | amūbhyaḥ |
| Gen. | | अमीषाम् | amīṣām | | अमूषाम् | amūṣām |
| Loc. | | अमीषु | amīṣu | | अमूषु | amūṣu |

## sarva, tutto

### SINGOLARE

| | Maschile | | Neutro | | Femminile | |
|---|---|---|---|---|---|---|
| Nom. | सर्वः | sarvaḥ | सर्वम् | sarvam | सर्वा | sarvā |
| Acc. | सर्वम् | sarvam | | | सर्वाम् | sarvām |
| Strum. | सर्वेण | sarveṇa | | | सर्वया | sarvayā |
| Dat. | सर्वस्मै | sarvasmai | | | सर्वस्यै | sarvasyai |
| Abl. | सर्वस्मात् | sarvasmāt | | | सर्वस्याः | sarvasyāḥ |
| Gen. | सर्वस्य | sarvasya | | | सर्वस्याः | sarvasyāḥ |
| Loc. | सर्वस्मिन् | sarvasmin | | | सर्वस्याम् | sarvasyām |

### DUALE

| | Maschile | | Neutro | | Femminile | |
|---|---|---|---|---|---|---|
| Nom. | सर्वौ | sarvau | सर्वे | sarve | सर्वे | sarve |
| Acc. | सर्वौ | sarvau | सर्वे | sarve | सर्वे | sarve |
| Strum. | | | सर्वाभ्याम् | sarvābhyām | | |
| Dat. | | | सर्वाभ्याम् | sarvābhyām | | |
| Abl. | | | सर्वाभ्याम् | sarvābhyām | | |
| Gen. | | | सर्वयोः | sarvayoḥ | | |
| Loc. | | | सर्वयोः | sarvayoḥ | | |

Quì, nel duale, c'è la coincidenza dei casi Nominativo ed Accusativo per i generi Neutro e Femminile. Invece per gli altri casi, la coincidenza coinvolge tutti tre i generi.

**PLURALE**

| | Maschile | | Neutro | | Femminile | |
|---|---|---|---|---|---|---|
| Nom. | सर्वे | sarve | सर्वाणि | sarvāṇi | सर्वाः | sarvāḥ |
| Acc. | सर्वान् | sarvān | सर्वाणि | sarvāṇi | सर्वाः | sarvāḥ |
| Strum. | सर्वैः | sarvaiḥ | | | सर्वाभिः | sarvābhiḥ |
| Dat. | सर्वेभ्यः | sarvebhyaḥ | | | सर्वाभ्यः | sarvābhyaḥ |
| Abl. | सर्वेभ्यः | sarvebhyaḥ | | | सर्वाभ्यः | sarvābhyaḥ |
| Gen. | सर्वेषाम् | sarveṣām | | | सर्वासाम् | sarvāsām |
| Loc. | सर्वेषु | sarveṣu | | | सर्वासु | sarvāsu |

**PRONOMI INTERROGATIVI E RELATIVI**

**SINGOLARE**

| | Maschile | | Neutro | | Femminile | |
|---|---|---|---|---|---|---|
| Nom. | कः | kaḥ | किम् | kim | का | kā |
| Acc. | कम् | kam | किम् | kim | काम् | kām |
| Strum. | केन | kena | | | कया | kayā |
| Dat. | कस्मै | kasmai | | | कस्यै | kasyai |
| Abl. | कस्मात् | kasmāt | | | कस्याः | kasyāḥ |
| Gen. | कस्य | kasya | | | कस्याः | kasyāḥ |
| Loc. | कस्मिन् | kasmin | | | कस्याम् | kasyām |

**DUALE**

| | Maschile | | Neutro | | Femminile | |
|---|---|---|---|---|---|---|
| Nom. | कौ | kau | के | ke | के | ke |
| Acc. | कौ | kau | के | ke | के | ke |
| Strum. | | | काभ्याम् | kābhyām | | |
| Dat. | | | काभ्याम् | kābhyām | | |
| Abl. | | | काभ्याम् | kābhyām | | |
| Gen. | | | कयोः | kayoḥ | | |
| Loc. | | | कयोः | kayoḥ | | |

**PLURALE**

| | Maschile | | Neutro | | Femminile | |
|---|---|---|---|---|---|---|
| Nom. | के | ke | कानि | kāni | काः | kāḥ |
| Acc. | कान् | kān | कानि | kāni | काः | kāḥ |
| Strum. | कैः | kaiḥ | | | काभिः | kābhiḥ |
| Dat. | केभ्यः | kebhyaḥ | | | काभ्यः | kābhyaḥ |
| Abl. | केभ्यः | kebhyaḥ | | | काभ्यः | kābhyaḥ |
| Gen. | केषाम् | keṣām | | | कासाम् | kāsām |
| Loc. | केषु | keṣu | | | कासु | kāsu |

**SINGOLARE**

| | Maschile | | Neutro | | Femminile | |
|---|---|---|---|---|---|---|
| Nom. | यः | yaḥ | यत् | yat | या | yā |
| Acc. | यम् | yam | यत् | yat | याम् | yām |
| Strum. | येन | yena | | | यया | yayā |
| Dat. | यस्मै | yasmai | | | यस्यै | yasyai |
| Abl. | यस्मात् | yasmāt | | | यस्याः | yasyāḥ |
| Gen. | यस्य | yasya | | | यस्याः | yasyāḥ |
| Loc. | यस्मिन् | yasmin | | | यस्याम् | yasyām |

**DUALE**

| | Maschile | | Neutro | | Femminile | |
|---|---|---|---|---|---|---|
| Nom. | यौ | yau | ये | ye | ये | ye |
| Acc. | यौ | yau | ये | ye | ये | ye |
| Strum. | | | याभ्याम् | yābhyām | | |
| Dat. | | | याभ्याम् | yābhyām | | |
| Abl. | | | याभ्याम् | yābhyām | | |
| Gen. | | | ययोः | yayoḥ | | |
| Loc. | | | ययोः | yayoḥ | | |

**PLURALE**

| | Maschile | | Neutro | | Femminile | |
|---|---|---|---|---|---|---|
| Nom. | ये | ye | यानि | yāni | याः | yāḥ |
| Acc. | यान् | yān | यानि | yāni | याः | yāḥ |
| Strum. | यैः | yaiḥ | | | याभिः | yābhiḥ |
| Dat. | येभ्यः | yebhyaḥ | | | याभ्यः | yābhyaḥ |
| Abl. | येभ्यः | yebhyaḥ | | | याभ्यः | yābhyaḥ |
| Gen. | येषाम् | yeṣām | | | यासाम् | yāsām |
| Loc. | येषु | yeṣu | | | यासु | yāsu |

**I PRONOMI RELATIVI NELLA TRADUZIONE**

यं पुरुषं ह्योऽपश्यं तमेव लिखामि। yaṁ puruṣaṁ hyo'paśyaṁ tameva likhāmi|

Scrivo all'uomo che vidi ieri. (lett.: Il quale uomo ieri io vidi, a lui io scrivo.)

Il pronome relativo si accorda con quanto lo precede nel genere, nel numero e nella persona, mentre il caso è determinato dalla relazione che gli è propria nella frase. Generalmente il pronome relativo precede il nome con il quale si relaziona nella frase relativa o, se il nome antecedente è usato assieme ad un pronome dimostrativo, quello relativo rimane solo. In tutte le frasi che usano un pronome relativo nella *frase dipendente*, la frase principale deve pure essa contenere in sé un pronome dimostrativo:

याः कथाः पुराणेषु श्रूयन्ते ता एव नरा नाटयन्ति। yāḥ kathāḥ purāṇeṣu śrūyante tā eva narā nāṭayanti|

Gli uomini imitano i racconti uditi nei Purāṇa. (lett.: Quei racconti (che sono) uditi nei Purāṇa, quelli gli uomini imitano).

Il pronome relativo, comunque, può essere messo ovunque nella frase relativa. Qualunque delle due frasi, la principale o la relativa, può essere messa per prima. Ad ogni modo, se viene messa prima la principale, allora il nome antecedente, con il correlativo dimostrativo, deve anch'esso esser posto nella frase principale:

ताः कथा एव नरा नाटयन्ति याः पुराणेषु श्रुयन्ते। tāḥ kathā eva narā nāṭayanti yāḥ purāṇeṣu śruyante|

Quei racconti che, invero, gli uomini imitano, quelli odono nei Purāṇa.

बुद्धिर्यस्य बलं तस्य। buddhiryasya balaṁ tasya|

Colui che ha intelligenza, ha forza. (lett.: di colui che è l'intelligenza, sua è la forza)

Quando il relativo è ripetuto, il dimostrativo correlato viene pure ripetuto. Questa ripetizione del relativo dà il significato indefinito di: "chiunque", "qualsiasi".

| | |
|---|---|
| यद्यद् रूपं कामयते देवता तत्तद् देवता भवति । | yadyad rūpaṁ kāmayate devatā tattad devatā bhavati। |

Qualunque cosa desideri un essere divino, quell'essere divino diventa.

# APPENDICE IV

# REGOLE DEL SAMDHI

## ORDINAMENTO DELL'ALFABETO SANSCRITO

| | Consonanti | | | | | Sibilanti | Vocali | | | | |
|---|---|---|---|---|---|---|---|---|---|---|---|
| | | | | | | | Semi vocali | Brevi | Lunghe | Dittonghi | |
| Gutturali | क | ख | ग | घ | | | | | | | |
| | ka | kha | ga | gha | | | | | | | |
| Palatali | च | छ | ज | झ | ञ | श | य | इ | ई | ए | ऐ |
| | ca | cha | ja | jha | ña | śa | ya | i | ī | e | ai |
| Cerebrali | ट | ठ | ड | ढ | ण | ष | र | ऋ | ॠ | | |
| | ṭa | ṭha | ḍa | ḍha | ṇa | ṣa | ra | ṛ | ṝ | | |
| Dentali | त | थ | द | ध | न | स | ल | ऌ | ॡ | | |
| | ta | tha | da | dha | na | sa | la | lṛ | lṝ | | |
| Labiali | प | फ | ब | भ | म | | व | उ | ऊ | ओ | औ |
| | pa | pha | ba | bha | ma | | va | u | ū | o | au |
| Visarga | : | Anusvāra | • | Aspirata | ह | | | | Vocali | अ | आ |
| | ḥ | | ṁ | | ha | | | | | a | ā |

Le prime due consonanti di ciascuno dei cinque gruppi e le tre sibilanti (*śa*, *ṣa* e *sa*) sono dure o *sorde*. Tutte le altre sono *soffici* o *sonore*.
Le sibilanti, le semivocali e le vocali sono qui classificate in accordo al tipo: palatale, cerebrale, dentale o labiale.
Quando una parola sanscrita segue immediatamente un'altra ha spesso luogo un mutamento nelle due lettere così riunite allo scopo di produrre un suono più armonioso.

Gruppo I - Visarga davanti alle consonanti soffici e alle vocali.

Gruppo II - Visarga davanti alle consonanti dure.

Gruppo III - Visarga finale.

Gruppo VI - "m finale" ed anusvāra.

Gruppo V - "n" finale davanti ad altre parole.

Gruppo VI - "n" interna.

Gruppo VII - Combinazioni vocaliche finali ed iniziali.

Gruppo VIII - Consonanti finali

Gruppo IX - "cha" iniziale.

Gruppo X - Finali permesse.

Gruppo I - Visarga davanti alle consonanti soffici e alle vocali.

Le consonanti soffici sono: *ga, gha, ṅa, ja, jha, ña, ḍa, ḍha, ṇa, da, dha, na, ba, bha, ma.* Soffici sono pure le semivocali: *ya, ra, la, va*, nonché l'aspirata *ha*.

1) "aḥ" davanti a tutte le consonanti soffici diventa "o"

पान्थः जयति diventa पान्थो जयति

pānthaḥ jayati " pāntho jayati - il viaggiatore vince.

2) "aḥ" davanti ad "a" breve diventa "o" e la "a" breve è sostituita dall'apostrofo (avagraha):

पुत्रः अर्हति diventa पुत्रोऽर्हति

putraḥ arhati " putro'rhati - il figlio è capace.

3) "aḥ" davanti a qualsiasi vocale eccetto la "a" breve lascia cadere il visarga. Lo spazio così creatosi rimane e le parole rimangono separate:

पुत्रः इच्छति diventa पुत्र इच्छति

putraḥ icchati " putra icchati - il figlio desidera.

4) "āḥ" davanti a tutte le vocali ed a tutte le consonanti lascia cadere il visarga. Lo spazio così creatosi rimane e le parole rimangono separate:

पुत्राः अर्हन्ति diventa पुत्रा अर्हन्ति

putrāḥ arhanti " putrā arhanti - i figli sono capaci.

5) "iḥ", "uḥ", ecc., cioè il visarga preceduto da qualsiasi vocale che non sia "a" o "ā", davanti a qualsiasi consonante soffice (eccetto "r") o qualsiasi vocale, trasforma il visarga in *r*, e le parole vengono unite. Poiché la doppia *r* non è mai permessa, davanti ad "r" il visarga semplicemente cade e la vocale che precede, se breve, diventa lunga.

पतिः जयति diventa पतिर्जयति

patiḥ jayati " patirjayati - il signore vince.

शत्रुः अर्हति diventa शत्रुरर्हति

śatruḥ arhati " śatrurarhati - il nemico è capace.

अग्निः रोहति diventa अग्नी रोहति

agniḥ rohatii " agnī rohati - il fuoco sale.

Gruppo II - Visarga davanti alle consonanti dure.

1) Visarga preceduto da qualsiasi vocale rimane generalmente lo stesso davanti alle gutturali, alle labiali ed alle sibilanti: *ka, kha, pa, pha, śa, ṣa, sa*:

पुत्रः सरति non subisce nessun cambiamento

putraḥ sarati - il figlio va.

2) Visarga preceduto da qualsiasi vocale e seguito da una palatale, *ca* o *cha,* si trasforma nella sibilante palatale *śa*:

शत्रुः चरति diventa शत्रुश्चरति
śatruḥ carati " śatruścarati - il nemico va;
seguito da una cerebrale, *ṭa* o *ṭha*, si trasforma nella sibilante cerebrale *ṣa*:

वृक्षः टीकते diventa वृक्षष्टीकते
vṛkṣaḥ ṭīkate " vṛkṣaṣṭīkate - l'albero si muove.

seguito da una dentale *ta* o *tha,* si trasforma nella sibilante dentale *sa*:

बालाः तरन्ति diventa बालास्तरन्ति
bālāḥ taranti " bālāstaranti

In tutti tre i casi le parole vengono unite.

Gruppo III - Visarga finale.

1) Quando finali di una parola che sta da sola oppure nella posizione finale di una frase, la *s* e la *r* si trasformano in visarga:

अत्र मनस् diventa अत्र मनः
atra manas " atra manaḥ - ecco (qui è) la mente

पुनर् (da solo) " पुनः
punar " punaḥ - di nuovo

2) La *r* finale davanti alle gutturali ed alle sibilanti si trasforma generalmente in visarga.

पुनर् पतति diventa पुनः पतति
punar patati diventa punaḥ patati - cade di nuovo.
Davanti alle palatali, alle cerebrali o alle dentali, opzionalmente, si muta nella sibilante corrispondente:

पुनर् तरन्ति diventa पुनस्तरन्ति
punar taranti " punastaranti - attraversano di nuovo.

Gruppo IV – "m finale" ed anusvāra.

1) La "m" finale rimane la stessa alla fine di una frase e davanti alle vocali. Generalmente si combina con le vocali da cui è seguita:

पुत्रम् अर्हति diventa पुत्रमर्हति
putram arhati " putramarhati - (egli) merita un figlio.
oppure
अर्हति पुत्रम्
arhati putram

2) La *m* finale diventa anusvāra davanti alle semivocali – *ya, ra, la va*; davanti alle sibilanti – *śa, ṣa, sa*; e davanti all'aspirata – *ha*:

अन्नम् यच्छति diventa अन्नं यच्छति
annam yacchati " annaṁ yacchati - (egli) dà il cibo.

3) La *m* finale davanti alle gutturali: *ka, kha, ga, gha*, alle palatali: *ca, cha, ja, jha*, alle cerebrali: *ṭa, ṭha, ḍa, ḍha*, alle dentali: *ta, tha, da, dha, na* e alle labiali: *pa, pha, ba, bha, ma*, possono diventare sia anusvāra che la nasale corrispondente alla consonante alla quale viene unita:

| | | | |
|---|---|---|---|
| अन्नं पचति | oppure | अन्नम्पचति | |
| annaṁ pacati | " | annampacati | - (egli) cucina il cibo. |
| नरं जयति | " | नरञ्जयति | |
| naraṁ jayati | " | narañajayati | - (egli) vince l'uomo. |
| भूमिं खनति | " | भूमिङ्खनति | |
| bhūmiṁ khanati | " | bhūmiṅakhanati | - (egli) scava il suolo. |
| गृहं त्यजति | " | गृहन्त्यजति | |
| gṛhaṁ tyajati | " | gṛhantyajati | - (egli) abbandona la casa. |

Gruppo V – "n" finale davanti ad altre parole.

1) Davanti a *ja* e *śa* la *n* finale diventa *ñ*, e le parole si uniscono:

| | | | |
|---|---|---|---|
| देवान् जयति | diventa | देवाञ्जयति | |
| devān jayati | " | devāñjayati | - (egli) vince gli dei |
| देवान् श्रयति | " | देवाञ्श्रयति | |
| devān śrayati | " | devāñśrayati | - (egli) serve gli dei. |

In quest'ultimo caso la *ś* spesso si trasforma in *ch*:

देवाञ्छ्रयति
devāñchrayati

2) La "n" finale davanti ad una "l" iniziale diventa anusvāra:

| | | | |
|---|---|---|---|
| एतान् लोकान् | diventa | एतां लोकान् | |
| etān lokān | " | etāṁ lokān | - questi mondi |

3) Quando la "n" finale si trova davanti alle palatali *ca* e *cha*, alle cerebrali *ṭa* e *ṭha* e alle dentali *ta* e *tha*, viene inserita una sibilante corrispondente alla classe cui appartengono le consonanti e la "n" si trasforma in anusvāra. Le parole, così, divengono unite:

| | | | |
|---|---|---|---|
| शिष्यान् ताडयति | diventa | शिष्यांस्ताडयति | |
| śiṣyān tāḍayati | " | śiṣyāṁstāḍayati | - (egli) colpisce gli alunni |
| अश्वान् चोरयति | diventa | अश्वांश्चोरयति | |
| aśvān corayati | " | aśvāṁścorayati | - (egli) ruba i cavalli |

4) La "n" finale preceduta da una vocale corta e seguita da una qualsiasi altra vocale si raddoppia e le parole si uniscono:

| | | | |
|---|---|---|---|
| स्मरन् इच्छाम् | diventa | स्मरन्निच्छाम् | |
| smaran icchām | " | smarannicchām | - ricordando il desiderio |

5) La “n” e la “m” all'interno di una parola diventano anusvāra:

हंस haṁsa - cigno, precettore spirituale

वंश vaṁśa - razza, dinastia

Gruppo VI – "n" interna.

1) La “n” dentale nasale, quando immediatamente seguita da una vocale o da *n*, *ya*, *va*, si trasforma nella cerebrale “ṇ”, se preceduta, nella stessa parola da *ṣa*, *ra*, *ṛ* o *ṝ*, e ciò non soltanto se la lettera che produce l'alterazione sta immediatamente davanti alla nasale, ma a qualunque distanza questa possa trovarsi.

| | | | | | |
|---|---|---|---|---|---|
| पुष्पाणि | शस्त्राणि | गृहाणि | सर्पेण | नरेण | पुत्रेण |
| puṣpāṇi | śastrāṇi | gṛhāṇi | sarpeṇa | nareṇa | putreṇa |

Tuttavia se all'interno della parola interviene una palatale, una cerebrale o una dentale la “n” non subisce nessun mutamento:

| | | | |
|---|---|---|---|
| ब्राह्मणेन | शृगालेन | क्रोधेन | राजानौ |
| brāhmaṇena | śṛgālena | krodhena | rājānau |

Gruppo VII – Combinazioni vocaliche finali ed iniziali.

Nota: “vocali simili” sono quelle che differiscono soltanto nella lunghezza: *a, ā, i, ī, u, ū*. Invece *i, u, ṛ, ā* sono dissimili. I dittonghi sono: *e, ai, o, au*.

1) Quando due *vocali simili* si incontrano, corte o lunghe che siano, si fondono in una *lunga*. In altre parole da vocale corta più vocale corta o lunga si ottiene una vocale lunga; da vocale lunga più vocale corta o lunga si ottiene lo stesso risultato.

| | | | |
|---|---|---|---|
| शुक्ल अश्व | diventa | शुक्लाश्व | |
| śukla aśva | “ | śuklāśva | - cavallo bianco |
| कवि इच्छा | diventa | कवीच्छा | |
| kavi icchā | “ | kavīcchā | - (il) desiderio del poeta |
| साधु उद्यान | diventa | साधूद्यान | |
| sādhu udyāna | “ | sādhūdyāna | - (un) buon giardino |

Tabella dei sostituti Guṇa e Vṛddhi

| | | | | | | | | | | |
|---|---|---|---|---|---|---|---|---|---|---|
| Vocali semplici | a | ā | i | ī | u | ū | ṛ | ṝ | lṛ | lṝ |
| guṇa | a | ā | e | | o | | ar | | al | |
| vṛddhi | ā | | ai | | au | | ār | | āl | |

2) Se due parole terminano con *a* o *ā* e la successiva inizia con una vocale dissimile quale *i*, *u*, o *ṛ*, ma non con un dittongo, le due vocali si uniscono e formano ciò che viene chiamato sostituto guṇa. In tal modo *a* od *ā* più *i* o *ī* diventa *e*; *a* od *ā* più *u* od *ū* diventa *o*; *a* od *ā* più *ṛ* o *ṝ* diventa *ar*; *a* od *ā* più *lṛ* o *lṝ* diventa *al*:

सुन्दर इच्छा diventa सुन्दरेच्छा
sundara icchā " sundarecchā - (un) bel desiderio

पुराण उद्यान diventa पुराणोद्यान
purāṇa udyāna " purāṇodyāna - (un) giardino antico

महा ऋषि diventa महर्षि
mahā ṛṣi " maharṣi - (un) grande saggio

3) Se una parola termina in *a* o *ā* e la successiva comincia con un dittongo, allora le due parole si uniscono e formano il sostituto vṛddhi. In tal modo *a* o *ā* più *e* o *ai* diventa *ai* e *a* o *ā* più *o* od *au* diventa *au*:

न एक diventa नैक
na eka " naika - nessuno

महा ओजस् diventa महौजस्
mahā ojas " mahaujas - grande forza

नव औषध diventa नवौषध
nava auṣadha " navauṣadha - nuova medicina

4) Se una parola termina con *i*, *u*, *ṛ* brevi o lunghe e la successiva comincia con qualsiasi vocale dissimile o con un dittongo, allora la *i* si muta in *y*, la *u* si muta in *v* e la *ṛ* si muta in *r*:

इति एक diventa इत्येक
iti eka " ityeka - così uno

साधु अन्न diventa साध्वन्न
sādhu anna " sādhvanna - buon cibo

पितृ अग्नि diventa पित्रग्नि
pitṛ agni " pitragni fuoco del padre

5) I dittonghi finali davanti ad altre vocali producono i seguenti cambiamenti:
*e* ed *o* davanti ad *a* breve rimangono immutate, ma la *a* viene sostituita dall'apostrofo (avagraha):

वने अत्र diventa वनेऽत्र
vane atra " vane'tra - qui nel bosco

भानो अत्र diventa भानोऽत्र
bhāno atra " bhāno'tra - qui, oh Sole

6) I dittonghi *e* ed *o* finali, davanti a qualsiasi vocale eccetto la *a*, sottostanno ai seguenti cambiamenti:
*e* diventa *ay*, poi la *y* cade e lo spazio risultante rimane; *o* diventa *av*, poi la *v* cade e pure qui lo spazio risultante rimane:

वने आस्ते diventa वनयास्ते che diventa वन आस्ते
vane āste " vanayāste " vana āste - (egli) siede nel bosco

भानो इति diventa भानविति che diventa भान इति
bhāno iti " bhānaviti " bhāna iti - così, oh Sole

7) I dittonghi *ai* ed *au* finali, davanti a qualsiasi vocale, sottostanno ai seguenti cambiamenti:
*ai* diventa *āy*, poi la *y* cade e lo spazio risultante rimane; *au* diventa *āv*, ma la *v* raramente cade:

भार्यायै अध्येति diventa भार्यायायध्येति che diventa भार्याया अध्येति
bhāryāyai adhyeti " bhāryāyāyadhyeti " bhāryāyā adhyeti - (egli) legge per la moglie

भानौ अटति diventa भानावटति
bhānau aṭati " bhānāvaṭati - (egli) vaga nel sole

8) Eccezioni alle regole sopra esposte sono:
*ī ū* ed *e* finali quali desinenze del duale, sia nella declinazione dei nomi che nella coniugazione dei verbi, e la lettera finale o solitaria di un'interiezione rimangono tutte inalterate davanti a qualsiasi vocale che segue:

हे इन्द्र फले इच्छामि
he indra phale icchāmi - Oh Indra, desidero due frutti

Gruppo VIII – Consonanti finali.

8) REGOLA GENERALE: Quando una parola termina con consonante dura ed è seguita da una parola che inizia con consonante soffice o vocale, la consonante dura finale della prima parola generalmente si trasforma nella consonante soffice della propria stessa classe. Dunque davanti a consonanti soffici o vocali la *k* finale diventa *g*, la *b* finale diventa *p, ecc.*

वाक् वदति diventa वाग् वदति
vāk vadati " vāg vadati

REGOLA SPECIALE PER LA "t" FINALE:

2) La *t* finale diventa *d* davanti a qualsiasi vocale ed a qualsiasi consonante soffice, eccetto *ja*, *la* e le *nasali*:

ग्रामात् अटति diventa ग्रामादटति
grāmāt aṭati " grāmādaṭati - (egli) vaga (via) dal villaggio

पापात् रक्षति diventa पापाद्रक्षति
pāpāt rakṣati " pāpādrakṣati - (egli) protegge dal male

3) La *t* finale davanti a *ja*, *la* e alle *nasali* si trasforma nella consonante da cui è seguita e le due parole si uniscono:

मेघात् जलम् diventa मेघाज्जलम्
meghāt jalam " meghājjalam - acqua dalla nube

पापात् लोकात् diventa पापाल्लोकात्
pāpāt lokāt " pāpāllokāt - da un mondo cattivo

गृहात् नयति diventa गृहान्नयति

gṛhāt nayati " gṛhānnayati - (egli) conduce (via) dalla casa

4) La *t* finale davanti a *ca* e *cha* diventa *c* :

ग्रामात् च diventa ग्रामाच्च
grāmāt ca " grāmācca - e dal villaggio

5) La *t* finale davanti a *śa* diventa *c* e la *śa* iniziale diventa *cha*:

शिष्यात् शिक्षति diventa शिष्याच्छिक्षति
śiṣyāt śikṣati " śiṣyācchikṣati - (egli) impara dal discepolo

Gruppo IX – Consonanti finali.

1) La *cha* iniziale dopo le *vocali brevi*, la preposizione *ā* e la particella proibitiva *mā*, diventa *ccha*:

अत्र छाया diventa अत्र च्छाया
atra chāyā " atra cchāyā - qui c'è ombra

Gruppo X –Finali permesse.

1) Alla fine di una frase, di un verso o di una parola che sta da sola, sono permesse soltanto le seguenti lettere:
vocali (eccetto ṝ e lṛ )
dittonghi
le consonanti: k, ṅ, ṭ, ṇ, t, n, p, m, l, ḥ e ṁ.
Generalmente, alla fine di una frase od una parola, è permessa una sola consonante.

2) Le consonanti aspirate si trasformano nelle consonanti dure *non aspirate* della propria stessa classe.

3) Una *palatale* finale o l'*h* diventa *k* o *ö*. Talvolta *h* diventa *t*. Pure ṣ diventa *t*.
Esempi delle regole di questo gruppo:
Le forme crude dei nomi che seguono, al nominativo singolare diventano:

आपद् diventa आपत्
āpad " āpat - sfortuna

बुध् diventa भुत्
budh " bhut - uomo saggio

दुह् diventa धुक्
duh " dhuk - latte

उपानह् diventa उपानत्
upānah " upānat - sandalo

दृश् diventa दृक्
dṛś " dṛk - aspetto

वाच् diventa वाक्
vāc " vāk - voce

द्विष् diventa द्विट्

| | | | |
|---|---|---|---|
| dviṣ | " | dviṭ | - nemico |
| स्तुभ् | diventa | स्तुप् | |
| stubh | " | stup | - capra |
| रुज् | diventa | रुक् | |
| ruj | " | ruk | - malattia |

## APPENDICE V
## L'ORDINE DELLE PAROLE NELLE FRASI SANSCRITE

In Sancrito ogni parola, eccetto gli avverbi e le particelle, viene declinata e questa stessa declinazione grammaticale mostra la relazione in cui una parola sta con un'altra. Così, grammaticalmente parlando, non esiste un vero e proprio ordine che debba essere applicato. Comunque c'è una sorta di sequenza logica di idee che devono susseguirsi secondo un ordine particolare. Generalmente troviamo che nella prosa c'è qualche ordine nella disposizione delle parole, come ad esempio il soggetto, espresso o sottinteso, che, assieme ai suoi accessori, viene per primo, poi, quando c'è, viene l'oggetto ed infine vengono il verbo o predicato. Avverbi e frasi avverbiali possono occupare qualsiasi posizione, tranne l'ultima, mentre le congiunzioni (eccetto alcune) stanno per prime, davanti al soggetto.

### SUDDIVISIONE DEI DETTAGLI DELLA REGOLA GENERALE

Parole "dipendenti" o "governate" stanno generalmente davanti alle parole da cui dipendono o dalle quali sono governate. Così un aggettivo ed un nome possessivo che dipendono dal soggetto stanno davanti a questo; gli avverbi dovrebbero stare davanti agli aggettivi o ai verbi che modificano.

Un nome in apposizione dovrebbe precedere la parola con cui si relaziona.

Quando un nome viene qualificato da un aggettivo e da un nome possessivo, l'ordine di solito è: aggettivo, genitivo, nome.

Il genitivo suole stare davanti alla parola con la quale si relaziona.

Gli aggettivi usati predicativamente seguono i nomi da loro qualificati.

Il predicato viene generalmente posto per ultimo. Ma nella narrativa il verbo "essere" - *as* e *bhū* occupano talvolta il primo posto. Talvolta il predicato, in una frase interrogativa, sta per primo in una frase interrogativa quando la corrispondente particella interrogativa non viene usata.

Solitamente le preposizioni sono poste come prefisso alla radice, tranne quando vengono usate per governare i casi. In quest'ultima circostanza seguono la parola che governano.

In Sanscrito il termine indeclinabile è di amplia applicazione. Include avverbi, preposizioni, congiunzioni, particelle o interiezioni. I numerosi casi della declinazione dei nomi e dei pronomi (eccetto quelli del nominativo, dell'accusativo e del genitivo) possono essere considerati come avverbi o come estensioni del predicato che evidenzia il tempo, il luogo, la maniera o la causa e l'effetto. Gli avverbi che modificano il predicato possono stare "davanti al soggetto" o "dopo l'oggetto", qualora ci sia, ma non ultimi.

Se il soggetto o l'oggetto hanno qualche appendice, per evitare ambiguità, gli avverbi dovrebbero essere messi dopo l'oggetto.

Le clausole assolute, avendo il senso di avverbi di tempo o, talvolta, di causa, stanno

generalmente al primo posto.
Gli avverbi di tempo e luogo stanno solitamente in capo alla frase ma, se ce ne sono, dopo le congiunzioni. Le congiunzioni *ca* (e), *vā* (o), *tu* (ma), *hi* (per, perché) e *cet* (se) non possono mai stare al primo posto. Invece *atha* (adesso) e *kiñca* (inoltre) stanno prime. Le congiunzioni correlative *yathā – tathā* (come – così), *yāvat – tāvat* (non appena – allora), *yad -- tad* (quello che – quello), *yataḥ – tataḥ* (poiché – allora, dunque), sono usate all'inizio nelle clausole che connettono.

Tra le particelle, quelle interrogative stanno per prime. Le particelle che pongono enfasi quali *eva, nāma, kila, khalu, hi* vengono aggiunte alle parole che enfatizzano.

Le particelle enfatiche quali *iva, tu, api* sono usate con le parole che modificano.

Le interiezioni e le particelle vocative solitamente stanno in capo alla frase.

Nella poesia l'ordine della frase si scosta in una certa misura dalle regole appena esposte dato l'assestamento metrico delle parole.

# APPENDICE VI
## VOCALI POST-CONSONANTICHE E SILLABE CONGIUNTE

Le vocali hanno la forma illustrata nell'alfabeto esclusivamente quando sono iniziali di parola. In tutti gli altri casi vengono espresse mediante i segni che seguono:

| | | | | | | |
|---|---|---|---|---|---|---|
| ा | ि | ी | ु | ू | ृ | ॄ |
| ā | i | ī | u | ū | ṛ | ṝ |

Ecco come i segni esposti vengono uniti alle consonanti:

| | | | | | | |
|---|---|---|---|---|---|---|
| का | कि | की | कु | कू | कृ | कॄ |
| kā | ki | kī | ku | kū | kṛ | kṝ |

La regola è uguale per tutto il gruppo delle consonanti, eccetto:

| | |
|---|---|
| रु | रू |
| ru | rū |

In quanto alle consonanti, accade spesso, soprattutto in fine di parola, che non siano seguite da nessun suono vocalico. In tal caso il segno usato per elidere il suono della "a breve" loro intrinseco, si pone un piccolo segno obliquo chiamato virāma sotto la lettera implicata:

| | |
|---|---|
| न | न् |
| na | n |

In quanto alle sillabe congiunte, ecco un breve elenco di quelle più comuni:

| | | |
|---|---|---|
| क्र | क्त | क्ष |
| kra | kta | kṣa |
| त्र | त्त | न्त |
| tra | tta | nta |
| ज्ञ | ज्व | ज्य |
| jña | jva | jya |
| र्व | ह्म | ह्य |
| rva | hma | hya |
| र्म | द्म | द्य |

| | | |
|---|---|---|
| rma | dma | dya |
| त्प | द्ध | ञ्च |
| tpa | ddha | ñca |
| स्क | स्न | स्म |
| ska | sna | sma |
| स्फ | र्ध | ब्द |
| spha | rdha | bda |
| स्त | स्थ | ष्ट |
| sta | stha | ṣṭa |
| स्त्र | ष्ट्र | ष्ठ |
| stra | ṣṭra | ṣṭha |

Come già detto, il numero delle sillabe congiunte è ben lungi dal poter essere completo. E' possibile incrementarne la conoscenza esclusivamente mediante un'attenta lettura dei vari testi sanscriti esistenti.

In quanto a strumenti di studio complementari alla presente grammatica è facile reperirne di ottimi su internet. Accedendo a Google e scrivendo nello spazio per la ricerca la frase "spoken sanskrit dictionary" si ottiene l'accesso ad un eccellente dizionario "sanscrito inglese ed inglese sanscrito, all'interno del quale sono presenti i link per altri tre dizionari: il Monier Williams, anch'esso consultabile nei due sensi e l'Apte nelle sue due versioni "Sanscrito-Inglese" e "Inglese-Sanscrito".

Se poi, sempre nello stesso spazio per la ricerca di Google, si scrive "sanskrit grammarian query" è possibile accedere ad un software di interrogazione che fornisce le declinazioni complete di tutti i tipi di sostantivi e le coniugazioni, altrettanto complete, di tutti i tipi di verbi.

Lightning Source UK Ltd.
Milton Keynes UK
UKHW020803280921
391315UK00013B/742

9 780244 956660